Cortéz, Leandro Matías

  Discipulos : la experiencia radical de conocer y seguir a Jesús / Leandro Matías Cortéz ;
Editado por Javier Ricardo Martínez Méndez. - 1a ed. - Bahía Blanca : Oración Publicaciones,
2025.

  164 p. ; 15 x 21 cm.

  ISBN 978-631-00-8941-6

  1. Vida Cristiana. 2. Evangelio Cristiano. 3. Evangelios. I. Martínez Méndez, Javier Ricardo,
ed. II. Título.
  CDD 248

Escritor: Cortéz, Leandro Matías
Editor: Martínez Méndez, Javier Ricardo
Diseño de tapa: Franco Fuentes | francofuentes@live.com.ar

Si desea enviar comentarios o sugerencias
para mejorar este libro, puede hacerlo a:
https://www.oracionpublicaciones.com/

DEDICATORIA

A los jóvenes y adolescentes que pastoreé durante los últimos diez años: fue un honor acompañarlos, junto a mi esposa, en esta etapa tan crucial de sus vidas. Amo a esta generación emergente, llena de talento, con hambre de Dios, apasionada por servirle y dispuesta a poner sus manos en el arado sin mirar atrás.

AGRADECIMIENTOS

A Dios, por cada gota de paciencia que tuvo conmigo. Señor, creo que te di mucho más trabajo que los doce iniciales juntos, pero aquí estás, más allá de mis errores, de mi falta de fe y de mi escaso entendimiento. ¡Te espero! Y, mientras lo hago, quiero ser cada día un mejor discípulo y formar a otros para que también lo sean.

A mi esposa Virginia y a mis hijitos Clara, Tomás, Sofía y Ana Paz. Cada uno de ellos sembró tiempo en familia muy valioso para que este libro sea una realidad. ¡Dios sabe cuánto los amo!

A la iglesia Pueblo Nuevo, mi casa espiritual. Es un privilegio inmenso estar sirviendo al Señor con ustedes. Son el objetivo inicial por el cual se escribió este material. Espero que sea una herramienta útil para que el Espíritu Santo reavive el fuego del discipulado. Gracias a todo el equipo pastoral por creer en este proyecto y por su apoyo incondicional.

A Javi Martínez, por su gran trabajo de edición, por cada consejo y por su enorme paciencia. A Franco Fuentes, por el diseño de la tapa y su valiosa contribución en la difusión del libro.

PALABRAS INICIALES

El 7 de marzo de 2025, Bahía Blanca sufrió el temporal más fuerte de su historia. En apenas doce horas, llovió más de la mitad de lo que llueve en un año. Esto provocó inundaciones masivas en la mayoría de los barrios de la ciudad. El agua corrió durante horas por las calles como si fueran ríos, provocando que varios sectores quedaran completamente anegados. Fueron momentos de miedo, tristeza y desesperación. Muchísimas familias, mientras observaban cómo el agua arrastraba todo a su paso, tuvieron que subir a los techos de sus casas para sobrevivir hasta ser rescatadas. Había alertas meteorológicas, pero nadie esperaba lluvias de semejante magnitud. El daño fue incalculable.

Precisamente durante la semana en la que ocurrió la tormenta, tenía programado cerrar la producción de este libro y entregarlo al editor. La tragedia lo impidió. Rompió los planes previstos; todo quedó a un costado y supeditado a una nueva prioridad. Todas las fuerzas se concentraron en la necesidad que dejó la tragedia. Luego de unos días, cuando todo comenzaba a retomar su curso "normal", volví a sentarme para seguir escribiendo, pero fue difícil despegarme de lo que había sucedido y de la necesidad que todavía se respiraba en las calles. Las escenas eran similares a lo que queda luego de que una guerra arrasa una ciudad. Solo se veía barro, agua, autos apilados, calles quebradas, hundidas y socavadas por el agua, muebles destrozados en las veredas, barrios enteros sin los servicios esenciales, el centro de la ciudad lleno de oscuridad. La tormenta no respetó edades, ni credos, ni clases sociales. Todo, en mayor o menor medida, fue afectado por el agua o tapado por el barro.

No podía pasar por alto lo que vivimos en esos días. Con estas sencillas palabras, quiero reconocer y honrar la tarea de cientos de discípulos que abrazaron a miles de personas necesitadas, dedicando jornadas enteras para asistirlas, trabajando de sol a sol para mostrar el amor de Jesús a cada familia damnificada. Llevar la ciudad al lugar en el que se encontraba requerirá mucho tiempo y demandará un arduo trabajo, pero me alienta saber que la iglesia estuvo y estará presente, de pie, sin dejar de brillar en momentos de prueba.

También dedico este libro a los miles de bahienses que sufrieron la inundación, que lloraron mientras el agua se llevaba todo, que pasaron por el dolor de la pérdida de un ser querido, y a todos aquellos que, en medio de una de las peores crisis, abrieron su corazón al amor de Jesús y decidieron tomar su cruz y comenzar a seguirlo.

RECOMENDACIONES PARA SU USO EN GRUPOS PEQUEÑOS

Permítanme dejarles cuatro recomendaciones que considero necesarias para que el tiempo de acercamiento a este material en grupo sea más productivo.

1. Mi primera recomendación es que se tomen el tiempo necesario para leer el pasaje bíblico principal en el cual se emplaza el capítulo. Puede ser en voz alta, en grupos reducidos o de forma personal. Lo importante es que la Palabra de Dios sea la guía por excelencia de cada reflexión. Así fue pensado y diseñado este libro. Te animo a que la Biblia sea la base y el sustento de cada puesta en común.

2. Mi segundo consejo es que mantengan el foco del diálogo en el aspecto del discipulado que corresponde a cada capítulo. El discipulado es un tema muy amplio y contiene muchas aristas. Esta pauta apunta a que no se dispersen en la discusión y que puedan llegar a lugares más profundos en cada tema. Para lograrlo, es necesario detenernos en cada tópico, trabajarlo y escarbar en el mismo lugar. Posiblemente, serán tentados a entrar en otras características del discipulado; traten de no hacerlo, porque seguramente serán abordadas en algún punto posterior del material. En este aspecto, será clave el rol del líder del grupo para orientar el diálogo en el sentido preciso.

3. En tercer lugar, les recomiendo que utilicen los demás recursos que el libro ofrece, en la medida en que les

sean útiles. Entre ellos se encuentran el contenido propio de cada capítulo, las introducciones a cada evangelio al comienzo de cada parte, las preguntas de reflexión y la bibliografía final del libro. Si bien cada encuentro puede llegar a ser muy dinámico y las situaciones que se presenten, muy variadas, siempre es bueno contar con un conjunto de herramientas que contribuyan a que todo lo que Dios quiera decir pueda llegar a cada corazón y al grupo de la mejor forma posible.

4. En último lugar, les sugiero que consideren algunos capítulos, como el 2, 10, 15 o 16, para abordarlos al menos en dos tramos. Esto les permitirá tratar cada aspecto de su contenido con mayor detenimiento.

POR MAXIMILIANO GIANFELICI

El discipulado es compartir la vida. Desde el principio, la dinámica del cielo ha sido invadirlo todo con la presencia de Dios. La forma en que esto ocurre es muy importante para Él. Por eso, cuidó cada detalle de su creación y de sus criaturas, procurando no violentar su libertad, incluso cuando el hombre falló y despreció su presencia. La manera de Dios siempre ha sido el amor, y a través de su sacrificio nos dio la oportunidad de que su vida lo llene todo.

Me impacta profundamente pensar que el Dios omnipotente y creador ha decidido formarnos a través de nosotros mismos, transmitiendo su vida mediante cada uno, para hacer discípulos que llenen toda la tierra con la gloria de Dios.

"Yo soy el Alfa y la Omega —dice el Señor Dios—, el que es y que era y que ha de venir, el Todopoderoso". (Apocalipsis 1:8). Esta declaración acerca de Jesús nos revela a un Dios dinámico, contemporáneo, perfecto y eternamente actual. Jesús es el primero y el último, el prototipo divino para aplicar la vida de Dios en la Tierra. El discipulado no es otra cosa que tomar ese original y multiplicar su imagen en nuestra realidad. Por eso, el desafío es tan grande: Dios ha elegido modelar su imagen a través de una comunidad de fe, su cuerpo, la Iglesia.

El cumplimiento de las profecías se refleja en la vida cotidiana, y encuentra su máxima expresión en la persona de Jesús. Estamos en un tiempo muy especial donde todo se conecta, se equilibra y se une en Él. En Cristo entramos todos, y por su gracia cada capa que conforma la Iglesia —con la que Él viene a reinar— se revela.

Este es un tiempo en el que crecemos en el conocimiento del Espíritu de la profecía, que es Jesús. No se trata solo de adquirir información o entendimiento, sino de permitir que Cristo, a través del Espíritu Santo, confronte nuestras vidas con la revelación de su persona, conduciéndonos a una transformación más acelerada a su imagen y semejanza. Es una temporada de avivamiento, donde el dominio del Espíritu Santo se manifiesta en cada aspecto de la vida de la Iglesia. No solo somos abrazados, perdonados y amados, sino también desafiados por la manifestación integral de Cristo, quien se presenta como un Dios de juicio y justicia.

El corazón de Dios se abre a nosotros para abrazar lo que Él ama. Crecemos en dignidad y en responsabilidad para cumplir con la misión que se nos ha encomendado: ser testigos de Cristo en todo lugar, transformando vidas, ambientes y llenándolo todo con su gloria. La presencia del Cristo revelado produce tensión en las comunidades, pero también entramos en un período de gracia y favor hacia quienes nos rodean. El mayor desafío será administrar los conflictos internos y crecer en la unidad del Cuerpo de Cristo y en el amor fraternal.

La Iglesia se consolida como un modelo sustentable de avivamiento, y esto se refleja en el avance de la obra en todos sus aspectos: liderazgo, estructuras administrativas y pastorales, tareas sociales y educativas, y el envío de obreros a las naciones. Se consolidan los ministerios y dones que, dentro del Cuerpo, extenderán la vida de Cristo más allá de lo que hoy podemos imaginar.

Este plan maestro, diseñado cuidadosamente por Dios, no elimina la identidad de las personas; al contrario, respeta la singularidad de cada uno y fortalece su identidad. Potencia el propósito, elimina el pecado y reescribe la historia de cada vida. No es solo un proceso de transformación individual, sino que al modelar la vida de Cristo en las personas, familias enteras son transformadas, ciudades son discipuladas y naciones son impactadas.

Discipular es caminar juntos, transmitiendo la vida de Jesús. Es el amor de Dios revelado en nosotros, impulsándonos a amar a los demás como a nosotros mismos. Desde esa premisa sembramos la vida de Cristo para que crezca en cada corazón.

Es inmenso el privilegio de modelar a Cristo en otros y para otros. Todo comienza con aprender a contemplarlo, siendo transformados juntos por su belleza. Y continúa en la vida en comunidad, donde esa revelación se hace tangible. Discipular es amar como Jesús amó, reflejar su luz en cada paso y ayudar a cada persona a descubrir a Cristo viviendo en ella.

Como consecuencia de la conversión de las personas y del avance de la Iglesia en todas las áreas de la sociedad, crecemos en profundidad. Somos confrontados por la Palabra de verdad para ser transformados a su imagen. El Espíritu Santo se manifiesta trayendo convicción de pecado, sanidad y cambios radicales en todos los estratos de la Iglesia.

Crecemos como un ejército de discipuladores. Jesús, el Buen Pastor, el primer discipulador, se manifiesta en el cuerpo de la Iglesia. No se trata de métodos ni jerarquías, sino de la vida de Cristo creciendo en nosotros y llevándonos a construir un proceso más acelerado y orgánico de bautizar a las personas en su Cuerpo. Ese es el discipulado de Jesús.

Celebro que de forma práctica y precisa el pastor Matías Cortez nos inspire y desafíe con este precioso libro. Te propongo no leerlo solo como un manual, sino a sumergirte en el corazón revelado de Jesús, el príncipe de los pastores.

Maximiliano Gianfelici. —
Pastor, Iglesia Centro de alabanza.
Rawson, Argentina.

POR CARLOS NELSON IBARRA

Ser discípulo de Cristo es muy desafiante para nuestra humanidad caída. Requiere rendirnos al Señor, dejar de hacer las cosas a nuestro parecer y comenzar a hacerlas como Él quiere que se hagan. Este material está pensado para traer luz sobre lo que significa, para Jesús, ser un discípulo.

La carga puesta por el Espíritu Santo en el pastor Matías lo motivó a escribir este libro. Línea tras línea de escritura brota la sabiduría bíblica de alguien que ha madurado y crecido como discípulo del Señor. El pastor Matías es un hombre preparado y entrenado por Dios para este tiempo y para esta generación. Recorre los cuatro Evangelios con la idea de destacar las demandas, experiencias y cualidades que caracterizan a los verdaderos discípulos del Señor.

Un discípulo es y hace. Ser y hacer van de la mano. Porque soy un discípulo de Cristo, actúo como tal; y por mi manera de actuar, muestro que soy su discípulo. Si digo que soy un discípulo, pero no actúo como tal, me engaño a mí mismo. Es como aquel que dice ser de corazón alegre, pero anda todo el día con el rostro serio, amargado y sin esbozar una sonrisa.

El contenido de este libro será muy útil para aprender y enseñar lo que dice la Biblia sobre las vivencias de un discípulo del Señor. Cada capítulo rescata los desafíos y enseñanzas de Jesús. Encontramos directivas planteadas por el Señor para que sus seguidores puedan orientarse con claridad y seguir sus pisadas.

El Señor quiere que seamos discípulos: seguidores capaces de pagar el precio que sea por amor a Él. No quiere que nos quedemos en el estándar de creyentes. Espera que, por creer en Él, maduremos hasta convertirnos en seguidores valientes, esforzados y obedientes a sus directivas.

Llamamos discipulado al proceso que Dios usa para formarnos como seguidores fieles de Cristo. Las herramientas vertidas en este libro enriquecerán a cada lector para abrazar el desafío que conlleva este proceso, que dura toda la vida. Es un camino que periódicamente debemos revisar para ver las "pisadas" de quién estamos siguiendo, y examinar hacia dónde va nuestra navegación, para no perder el "norte".

Debemos mantenernos en el camino planteado por Jesús, sin desviarnos del rumbo, pues podríamos ser eliminados. El apóstol Pablo dijo: "...no sea que, habiendo sido heraldo para otros, yo mismo venga a ser eliminado" (1 Corintios 9:27).

Leer y estudiar las enseñanzas vertidas en este libro abrirá un tiempo muy desafiante y enriquecedor para cada uno de aquellos que deseen crecer como discípulos del Señor. Te animo a que permitas que el Espíritu Santo trate con tu vida, para no ser solo un creyente en Cristo, sino un discípulo maduro de nuestro Señor.

Carlos Nelson Ibarra.
Pastor, Iglesia Pueblo Nuevo Bahía Blanca.
Presidente de Misiones Nacionales
de la Convención Evangélica Bautista Argentina.

INTRODUCCIÓN

Tengo que serte muy sincero: antes de decidir escribir este libro, tuve muchas dudas. Las ideas respecto al texto volaban dentro de mi cabeza, iban y venían, pero no terminaba de convencerme el tema de fondo. Serían muchas horas dedicadas a procesar un material sobre el cual ya se había escrito demasiado y que, por ese hecho, no generaría mucho interés. Incluso, en algún momento me cerré a la posibilidad de hacerlo y encajoné el proyecto. Sin embargo, la inquietud no me abandonaba, y entendí que Dios, de alguna forma, era quien movilizaba mi corazón para escribirlo. Puse a un costado algunos planes personales, postergué otros proyectos que podían esperar y, con la ayuda de Dios, me senté a escribir lo que hoy tienes en tus manos.

Reconozco que traía algunos prejuicios con respecto al discipulado, posiblemente porque es una temática que, por varias causas, con el paso del tiempo tiende a desgastarse. Una de las razones de este desgaste es que el uso frecuente de este concepto nos lleva a perder de vista algunos aspectos de su significado. Esto, generalmente, provoca que el discipulado se vuelva incompleto e impreciso. En ocasiones, damos por sentado que conocemos de qué estamos hablando cada vez que lo mencionamos, y convertimos en obviedad la interpretación de una palabra —"discípulo"— que necesita ser revisada constantemente a la luz de la Biblia. También podemos cometer el error de reducir la profundidad de su sentido o intercambiarla por otra definición más simple, que pierde de vista las raíces del compromiso al que apuntaba Jesús con tanta fuerza cuando la usó delante de aquellos que intentaban acompañarlo. Como siempre ocurrió, cuando se necesita recuperar la esencia de algo, se debe retornar al punto de inicio, a las bases, a las primeras menciones. En otras palabras, tenemos que releer y tratar de escuchar de la boca de Jesús el significado más pleno del discipulado. Esa es la propuesta precisa de este libro. No es un manual, ni un comentario bíblico; tampoco es un ensayo de pensamiento libre y sin horizonte. No se trata de retomar estereotipos eclesiales gastados con los cuales nos acercamos a los nuevos creyentes para iniciarlos en la fe en unas pocas lecciones. La idea principal es poder explorar aquellos momentos en los que Jesús se detuvo exactamente en este punto con quienes lo seguían: en el discipulado. Son esas escenas bíblicas que abren una ventana descriptiva para que conozcamos a qué se refería el Señor cuando miraba a los ojos a una persona y le pedía que lo siga. Con este objetivo recorreremos momentos decisivos en cada uno de los evangelios, que nos ayudan a llegar a lo neurálgico del discipulado, a aquello que no puede faltar cuando hablamos de seguir a Jesús.

En marzo de 2015 llegábamos, con mi esposa, a Bahía Blanca para instalarnos en la ciudad y sumarnos a servir al Señor en la iglesia Bautista Pueblo Nuevo. El domingo 31 de mayo de ese año, el pastor Néstor Golluscio predicó un mensaje que se quedó encerrado en mi corazón. El título fue "Discípulos: Biopsia de nuestra identidad". El bosquejo enumeró cuatro características de un discípulo: un discípulo es un aprendiz, es un seguidor, es un partidario y es un imitador. La predicación fue clara y directa, tuvo el filo justo que caracterizó a Jesús cada vez que hablaba del tema. Sobre el final del mensaje me di cuenta de que había sido confrontado y de que, pese a mis años de creyente, tenía que tomar decisiones inmediatas. Así es el camino de un discípulo desde el comienzo: la comprensión del discipulado crece con el tiempo y, junto con ella, el grado de entendimiento y responsabilidad. Aquel mensaje llenó mi corazón de compromiso y reabrió mis ojos a la realidad de un llamado que no debe ser abandonado jamás por la iglesia, porque es parte de nuestra identidad.

Llamativamente, hoy no llamamos a las personas que siguen al Señor de la misma manera que Él las llamó; inventamos nombres muy interesantes. Por ejemplo, les decimos "creyente", dando a entender que las personas que siguen a Cristo creen, pero es muy sencillo comprobar que muchas de las personas que llamamos así no siguen a Jesús ni han depositado su fe en Él. Otra palabra que usamos es "miembro", dando a entender que las personas que se identifican con una congregación local o un proyecto eclesial son discípulos simplemente por ser parte formal de esa comunidad de fe. Otra palabra usada es "simpatizante"; con ella identificamos a la persona que no está integrada a la iglesia ni ha creído en Jesús, pero que, cada cierta cantidad de tiempo o en algún evento especial, suele participar.

Aunque frecuentemente usamos todos estos nombres, creo que el reemplazo más fuerte que sufrió la palabra "discípulo" fue por el término "cristiano", palabra que no nos define del todo y no termina de representarnos como discípulos. No nos define porque surgió como un nombre peyorativo para quienes creían en Cristo y formaban parte de la iglesia en la primera etapa. Con el paso del tiempo, se incrustó en nuestra sociedad occidental, incluyendo a personas que simplemente pertenecían al cristianismo por haber nacido en un país que se autodenomina como una nación cristiana. De esta manera, el ser o no cristiano lo dicta más la cultura y las tradiciones que el compromiso con la persona de Jesús. Por otro lado, tampoco nos representa. Solo en tres oportunidades el Nuevo Testamento llama "cristianos" a los seguidores de Jesús. En Hechos 11:26, Lucas escribe que fue en Antioquía donde los discípulos de Jesús fueron llamados cristianos por primera vez. En este pasaje, el intercambio de las palabras es claro. En Hechos 26:28, el rey Agripa le dice a Pablo, mientras lo juzgaba, que por poco lo convence de hacerse cristiano. Pedro, en medio de una persecución en aumento, diferencia a aquellos que sufrían por ser criminales de quienes lo hacían por ser cristianos (1 Pedro 4:16). Las dos palabras —cristiano y discípulo— sugieren una relación con Cristo, pero "discípulo" no solo es la más usada en el Nuevo Testamento, sino que tiene una carga de sentido mucho mayor.

Todas estas posibilidades y variantes que aparecen cuando queremos hablar de discipulado nos hablan de que retomar este tema no solo es importante, sino indispensable. En nuestros días, los riesgos de comprender livianamente el discipulado son demasiados y ponen en juego la naturaleza misma del evangelio. Necesitamos revisar su sentido total y hacerlo con la misma contundencia y bajo los mismos principios con los que lo planteó Jesús. Este libro es una invitación a conocer y a responder la voz de aquel que, hasta el día de hoy, nos llama a seguirle.

Matías Cortez. —
Marzo 2025.

PARTE 1

MATEO, EL DISCIPULADO EN EL EVANGELIO DE UN MAESTRO

Aunque no fue el primero en escribirse, no es raro que Mateo esté al principio entre los cuatro evangelios. Es el mejor puente entre el Antiguo y el Nuevo Testamento, no solo porque cuenta la vida y el ministerio de Jesús (como también lo hacen los otros evangelios), sino porque incluye muchísimas referencias al antiguo pacto que señalan, de forma profética, la llegada del Mesías. Eso nos muestra que los primeros lectores de este escrito probablemente eran judíos que habían decidido seguir a Jesús. En Mateo se nota un interés constante por el pueblo de Israel, y eso explica que arranque con una genealogía. En ella se quiere mostrar que Jesús viene directamente del linaje de David, el linaje del Mesías, y que es descendiente de Abraham.

Mateo sabía redactar informes; era parte de su trabajo antes de conocer a Jesús. Es muy posible que muchos de los detalles que tenemos hoy sobre sus enseñanzas provengan de apuntes que él mismo tomó. En su evangelio hay alrededor de 115 palabras que no aparecen en ningún otro escrito del Nuevo Testamento, muchas relacionadas con el mundo financiero (oro, plata, cuentas, deudas, transacciones). Esto tiene sentido si pensamos que fue un cobrador de impuestos. Ninguno de los otros evangelios pone tanto foco en los que se oponían a Jesús, ni muestra al Señor tan firme y crítico con ellos. Eso revela su interés en señalar la hipocresía de aquellos que, siendo parte del pueblo de Dios, condenaban a los que buscaban perdón y misericordia. Probablemente, Mateo mismo había vivido ese rechazo, y por eso le daba tanta importancia.

El tema principal en Mateo es el Reino de Dios, sin dudas. Jesús predicaba y enseñaba sobre eso una y otra vez. Mateo es el evangelio de los discursos; se podría decir que es como un manual completo sobre cómo vivir como discípulos. Por eso, vemos a Jesús enseñando todo el tiempo. El evangelio no está armado al azar: tiene cinco grandes secciones, y cada una termina con un discurso de Jesús. Esto lo presenta como un maestro, un rabí. El primer discurso es el famoso Sermón del Monte (capítulos 5 al 7), donde Jesús explica cómo es un seguidor suyo y qué significa vivir en el Reino de Dios. La segunda parte lo muestra eligiendo a los doce apóstoles y enviándolos a una misión parecida a la que él hacía. Esa sección también termina con un discurso, donde Jesús les advierte que no todos van a recibir el mensaje con alegría: algunos lo aceptarán, otros lo rechazarán.

En la tercera sección, Mateo reúne historias que muestran cómo la gente va reaccionando ante el mensaje. Algunos lo reciben, otros dudan y algunos lo desprecian. Esa parte termina con varias parábolas sobre el Reino de Dios. Luego viene otra etapa en la que Jesús empieza a recibir más oposición. Mientras planean matarlo, él se enfoca en decirles a sus discípulos más cercanos que es el Mesías. Esa parte concluye con un discurso en el que explica cómo funciona el Reino y cómo seguirlo cambia nuestros valores. En la última sección, las autoridades ya están decididas a matarlo. Jesús, entonces, da su último discurso, con una fuerte crítica a la hipocresía de los fariseos. Y así como su primer gran enseñanza fue en una montaña, la historia cierra también en un lugar alto, con Jesús hablando con sus discípulos y dejándoles claro qué es lo más importante en esta nueva etapa: hacer discípulos. Para Mateo, los discípulos son un grupo distinto de la multitud. A lo largo del evangelio hay un énfasis claro en la enseñanza, y los secretos del Reino fueron compartidos especialmente con ellos. Este evangelio muestra el lado más humano de los doce: sus miedos, sus dudas, su poca fe, cómo se asombran, cómo lo abandonan... Mateo deja bien en claro que ser discípulo no significa ser perfecto, sino seguir a Jesús y estar en un camino de crecimiento.

A pesar de todos sus errores, al final del libro, Jesús se encuentra con ellos de nuevo y los envía a hacer discípulos. Y entre las cosas que les manda hacer, les dice que enseñen. Por cómo está armado y escrito, el evangelio de Mateo es un manual excelente, que organiza toda la enseñanza de Jesús para poder transmitirla a la iglesia de los primeros años. Y quedó como un tesoro invaluable para los discípulos de todos los tiempos. No es casualidad que muchos de los versículos que solemos memorizar —cuando están en más de un evangelio—, terminamos recordándolos tal como los escribió Mateo. Tal vez, porque fue escrito por un maestro.

#1 LOS PRIMEROS LLAMADOS
(MATEO 4:18-22)

"Mientras caminaba junto al mar de Galilea, Jesús vio a dos hermanos: uno era Simón, llamado Pedro, y el otro Andrés. Estaban echando la red al lago, pues eran pescadores" (Mateo 4:18)

Nada de lo escrito en la Biblia es casual. Los nombres, las ciudades, las fechas, los imperios: nada de esto es un accidente; todo tiene una razón de ser. En este sentido, Galilea fue un lugar clave. Pertenecía a la zona norte de Palestina, tenía tierras fértiles y contaba con lluvias abundantes. Era un territorio próspero, un lugar con fuentes de agua y excelente pesca. Estaba cruzada por rutas comerciales que le daban una permanente afluencia de personas extranjeras y un continuo movimiento comercial. Jesús fue criado en la oscura aldea de Nazaret, pero, en algún momento, al inicio de su ministerio, se trasladó a la zona del mar de Galilea, específicamente a Capernaum, la ciudad que adoptaría y que sería, a partir de ahí, el centro de operaciones de su ministerio.

El lugar elegido por el maestro

Jesús no hace lo que esperaríamos que hiciera. No va a la ciudad donde estaban las élites intelectuales y religiosas; no se dirige a Jerusalén, sino que elige el norte. Había un motivo: Galilea tenía un clima social y político más tolerante que otras zonas del imperio para divulgar ideas religiosas nuevas que pudieran causar alguna polémica o algún tipo de disturbio. Era un área favorable que le daba al Señor la libertad necesaria para comunicar su mensaje sin perder la vida en el intento, sin ir a la cruz antes de tiempo. Lo que en Galilea podía provocar una disputa o un enfrentamiento menor, en Jerusalén podía llevarlo directamente a la muerte.

Jesús desarrolló la mayor parte de su ministerio en Galilea, pero murió en Jerusalén de Judea. El Maestro selecciona táctica e intencionalmente esta región para difundir el evangelio y preparar a sus discípulos. Las playas de Galilea serían testigos oculares privilegiadas de los primeros encuentros de Jesús con ellos.

El llamado

Quienes estuvieron en el mar saben que este tiene la capacidad de generar y traer a nuestra mente una multitud incalculable de recuerdos. Pensar en él puede revivir en nosotros algún momento de descanso familiar, un tiempo personal de reflexión en la costa o, simplemente, una caminata por la arena con amigos. El aroma, la calma y el sonido de la playa parecen tener la fuerza necesaria para grabar más a fondo lo que se vive en ella.

Los cuatro primeros discípulos estaban a punto de vivir, en ese día, algo que tres años después recordarían nítidamente, cuando Jesús resucitado los volviera a visitar en la misma arena y a llamar con la misma voz. Aquella vez fue imposible no asociarla con este. El primer encuentro quedó escrito en sus recuerdos de manera indeleble; no se borraría jamás.

Todos ellos eran gente de barcas y redes, acostumbrados al ambiente marítimo, al viento y al agua. Lo que para la mayoría de nosotros puede ser cautivador y atractivo, para ellos era común y habitual. Jesús los va a buscar a su lugar frecuente y los encuentra en plena actividad. Dos de ellos tiraban sus redes; los otros dos las remendaban. Esto no es algo menor para Jesús. De hecho, Él identifica el llamado que les hace con sus oficios: "Los haré pescadores de hombres".

El origen del llamado no se da en un momento de oración en la sinagoga, ni en un altar de un lugar alto; tampoco surge en algún recinto consagrado del templo. Jesús, en persona, los va a buscar a su lugar de trabajo.

El relato contiene dos escenas distintas que guardan mucha similitud. En cada una de ellas hay dos hermanos, y en ambos casos Jesús los está observando. Todo llamado comienza con una mirada de Jesús. Cuando pensamos en el llamado, lo primero que viene a nuestra mente son palabras. Sin duda, la voz de Dios es fundamental, pero cuando nosotros decidimos prestarle atención para escucharlo, Él ya nos estaba viendo.

El llamado puede ser algo repentino para nosotros, pero no lo es para Dios: ya estaba en su corazón antes de que la propuesta llegara al nuestro. En este detalle hay una clara iniciativa divina cuando somos llamados a ser discípulos. En los tiempos bíblicos, los discípulos buscaban a sus maestros. Pero en este caso no fueron los discípulos quienes buscaron a Jesús, sino que fue Jesús quien buscó a sus discípulos. Él desarticula este proceso de elección, cambiando los términos de la ecuación.

Los rabinos formaban parte de las personas más prestigiosas de la sociedad judía. No había mayor honor para una familia judía que uno de sus hijos fuera aceptado como discípulo de uno de estos maestros. Había varias escuelas rabínicas reconocidas. El discípulo debía medir sus opciones y ver cuál era el maestro más importante al que podría acceder. Cuando lo seleccionaba, se acercaba y se ofrecía para ser su discípulo. Entonces, el rabino lo ponía a prueba con preguntas sobre la Torá y planteamientos teológicos. Finalmente, definía si ese joven tenía lo suficiente para ser su discípulo.

Si la respuesta era negativa, lo animaba a volver a su hogar. Pero si ese rabino veía potencial, si ese maestro creía que ese adolescente podía ser uno de sus discípulos, entonces solo pronunciaba una palabra que cambiaba su vida para siempre. Lo miraba a los ojos y le decía: "Sígueme".

Nosotros no llegamos a entender el peso que tenía esa palabra. Cuando era escuchada por una persona, toda su vida cambiaba. Sus prioridades se alteraban, sus pertenencias eran dejadas de lado, su círculo relacional se modificaba, y la dirección de su vida pasaba a girar en torno a su maestro. El rabino se convertía en el objetivo de imitación y en la referencia por excelencia. A partir de ahí, la obsesión de ese joven era capturar cada momento, cada interés y cada movimiento del maestro, para reproducirlo y convertirse en una imagen viva de aquel a quien seguía.

Las palabras de Jesús a los pescadores fueron concisas y directas: "Síganme". Su traducción literal es: "Vengan detrás de mí". El discipulado se entiende como un seguimiento de Jesús. Ser discípulo es ser invitado por Jesús a seguirle; un discípulo es alguien que toma la decisión de ir detrás de Él.

La respuesta

Si nos ponemos en la piel de estos pescadores, seguramente surjan muchas preguntas. Ellos no saben exactamente quién es Jesús; el Señor aún no está en el apogeo de su ministerio, todavía no ha hecho grandes milagros, su fama aún no se ha extendido, ni siquiera tiene oponentes visibles. Sumado a esto, son llamados para ser "pescadores de hombres". Desde nuestra óptica, y leyendo este episodio dos mil años después, estas palabras tienen mucho sentido; pero no era así para ellos. ¿Qué es ser un pescador de hombres? Jesús no se los explica. En pocas palabras: es un maestro desconocido llamando a pescadores inexpertos en materia espiritual para hacer algo misterioso.

Las dudas son inevitables, pero hay algo cautivador en la mirada y en la voz de este rabí, que es distinto a los demás y los atrae, a tal punto que deciden seguirlo sin titubeos y en el acto. La respuesta es una reacción inmediata y sorprendente: lo hicieron al instante y sin negociaciones. Esta primera escena es muy inspiradora; la respuesta al llamado de Jesús es contundente y radical. La pregunta que podemos hacernos —y que los evangelios nos responderán más adelante— es: ¿estos hombres serán siempre tan obedientes y abnegados como al comienzo? ¡Su inicio fue formidable!

Aplicación

Seguir a Jesús es un privilegio único e inmerecido. Este sentir crece cuando entendemos que Él fue quien vino a buscarnos al lugar exacto donde estábamos y en las condiciones en las cuales nos encontrábamos. La vida abre caminos variados hacia distintos lugares, pero ninguno de los posibles escenarios es desconocido para Jesús. Por más sencillo, cotidiano y poco espiritual que parezca, el Maestro nos irá a buscar y nos hablará en el lugar en el cual vivimos y trabajamos. Cuando Moisés fue llamado, cuidaba ovejas; Gedeón limpiaba el cereal; Eliseo araba la tierra con bueyes; Amós recolectaba higos; Nehemías era copero del rey de Persia; Daniel era funcionario en Babilonia; David era pastor y cadete de sus hermanos. Pedro, Andrés, Jacobo y Juan pescaban. Dios no necesita lugares especiales; Dios solo precisa corazones dispuestos.

Para comprender el discipulado, necesitamos coincidir en que ninguno de nosotros está habilitado para buscar y alcanzar a Dios por nuestra cuenta. Nuestro estado de pecado y lejanía de Dios, como seres humanos, es una barrera de acero que nos separa de Él. Nunca podremos cargar con la arrogancia de creer que fuimos nosotros quienes lo vimos y decidimos convertirnos en discípulos por interés personal o simple voluntad propia. Antes de nuestra respuesta, estuvo su voz; y previo a su voz, estuvo su mirada sobre nosotros. La gracia de Dios es innegable.

En los próximos capítulos seguiremos descifrando el significado y las implicancias de ser un verdadero discípulo. La invitación de Jesús para nosotros sigue siendo la misma que para aquellos pescadores de Galilea: "Síganme".

¿Cuál fue la playa de la vida en la cual Jesús te salió al encuentro? ¿Cuáles fueron las palabras que sedujeron tu corazón para seguirlo? ¿Alguna vez le agradeciste porque Él te miró antes de que lo percibieras y te llamó para que lo sigas? ¿Eres un discípulo de Jesús?

VERSÍCULOS DE APOYO

MARCOS 1:16-20 / JUAN 1:35-42 /
1 REYES 19:19-21.

#2 DISCÍPULOS AUTÉNTICOS
(MATEO 7:13-27)

"Cuando vio las multitudes, subió a la ladera de una montaña y se sentó. Sus discípulos se le acercaron, y tomando él la palabra comenzó a enseñarles..." (Mateo 5:1-2a)

Estamos realmente muy lejos de aquel momento: a mucha distancia cultural, temporal y geográfica. Jesús está en la ladera de una montaña, frente a cientos de personas, sin púlpito, sin sistemas de audio, sin ningún tipo de tecnología a su servicio. Indudablemente, había logrado captar la atención de la gente, a tal punto que sus palabras eran acompañadas por suficiente quietud y silencio. La nitidez de sus enseñanzas, vestidas con ejemplos cotidianos, le daba a su mensaje mayor persuasión y permitía que el corazón de las personas se acercara.

Jesús fue reconocido, aun por sus oponentes, como un Rabí. Sin embargo, no era un maestro en el sentido técnico de la palabra: no era un escriba ni un doctor de la ley, y tampoco quería identificarse con ellos. Su enseñanza era más ocasional que sistemática. Esto no restaba en lo más mínimo su influencia; todo lo contrario, sus formas eran sumamente atrapantes y su estilo no empañaba su autoridad. Jesús rompe con los estereotipos formales de la oratoria: todos sus temas fueron precisos y punzantes. No sobraba una sola palabra. Mateo, de alguna manera, lo recopiló y lo registró en una sola serie, en donde cada frase refleja el discipulado en el sentido más puro.

Todo buen orador conoce la importancia que tiene la conclusión de su mensaje. Jesús está cerrando su prédica y lleva a toda su audiencia al terreno de la definición. Coloca delante de ellos tres contrastes que constituyen tres pruebas para distinguir entre un discípulo genuino y uno falso. Siempre hay peligro de estar engañándonos con respecto a nuestra condición espiritual. Necesitamos volver a escuchar al Maestro.

La prueba de la exigencia

Jesús reduce las alternativas a dos: hay dos caminos, dos puertas, dos destinos y dos grupos de personas. Uno de los caminos se caracteriza por ser amplio, ancho y espacioso; el otro, por ser angosto, estrecho y restringido. Uno es permisivo; el otro, exigente. El primero es fácil de encontrar; el segundo, difícil. Las puertas son el punto de acceso. En este caso, hay dos, que son similares a los caminos. La puerta ancha es el lugar de ingreso al camino espacioso que lleva a la destrucción. Jesús dice que por ella pasa mucha gente. La puerta estrecha es el acceso al camino angosto que lleva a la vida; hay pocas personas que la encuentran. También hay dos destinos: la perdición y la vida; y hay dos grupos de personas, solo dos.

Las palabras de Jesús apuntan directamente a quienes quieren seguirlo, presentan dos alternativas y exigen una respuesta. Podríamos optar por dudar y no elegir ninguna de ellas, pero eso es imposible: si esa fuera nuestra decisión, estaríamos eligiendo la puerta ancha y el camino amplio; seríamos parte del grupo multitudinario que se dirige a la perdición. ¡Esta es la prueba de la exigencia! No podemos eludir nuestra responsabilidad: las palabras de Jesús requieren una decisión. La entrada al Reino necesita corazones decididos; no se puede seguir a Jesús en la indefinición.

El camino es estrecho y angosto. El Señor nunca prometió que ir tras Él sería cómodo y fácil; dijo todo lo contrario. Por eso, a primera vista, esta prueba nos choca. Si nosotros hubiéramos puesto las cláusulas que definen el discipulado, seguramente habríamos animado a los seguidores a tomar el camino espacioso, para que los discípulos transiten tranquilos, lo hagan de un modo más confortable, sin mayores dificultades y con las cosas más resueltas. Pero no es lo que Jesús planteó. Su honestidad respecto de los términos y condiciones del seguimiento es clara y frontal.

Todo comienza con una elección. Hay una entrada: la puerta está antes que el camino, y es imprescindible cruzarla. No hay una tercera alternativa: estamos a un lado o al otro del río. No se puede estar en ambos lugares a la vez, ni podemos instalarnos en una orilla pretendiendo vivir como si estuviéramos en la otra. Esta prueba exige esencialmente una definición, sabiendo que, si no decido por Cristo, indefectiblemente estaré en el lugar opuesto. Las palabras de Jesús nos obligan a tomar partido. No hay neutralidad: hay solo dos reinos. El que no está a su favor, está en su contra; el que no recoge con Él, desparrama.

La prueba del fruto

Los falsos profetas siempre fueron un problema para Israel, y luego pasaron a ser un problema para la Iglesia. La misma calificación que se utiliza para ellos también la usa el Nuevo Testamento para falsos hermanos, falsos apóstoles, falsos maestros y falsos cristos. Definitivamente, la falsedad es un problema grave y, lamentablemente, común. Si bien este pasaje apunta a los profetas de esta clase, no debemos olvidar que, antes que cualquier ministerio, Jesús nos llama a seguirlo. Esto significa que, antes de ser apóstol, maestro o pastor, uno es un discípulo. No existen pastores verdaderos que no sean discípulos reales, ni existen apóstoles genuinos que no hayan decidido primero seguir a Jesús. Por lo tanto, aquellos que fingen ser profetas, primero fingieron ser discípulos.

Jesús ata esta enseñanza a la anterior: pasa de los caminos y las puertas a los árboles y los frutos. Hay árboles malos y árboles buenos; la falsedad se puede detectar por los frutos. La tendencia natural es distraernos con la abundancia de las hojas, la altura del árbol o la fortaleza de las ramas, pero cuando la autenticidad está en juego, Jesús apunta solo a una cosa: el fruto. La planta inevitablemente da la fruta correspondiente. No se pueden recoger uvas de espinos ni higos de cardos. El buen árbol no puede dar fruto malo, y el mal árbol no puede dar fruto bueno. El árbol y sus frutos son inseparables. Lo que se ve en los actos es la expresión de la naturaleza de la persona; la correspondencia es inevitable. La predicación de Jesús dice en dos oportunidades: "por sus frutos los conocerán". Muchos años después, el apóstol Pablo registra nueve maneras en las que el fruto del Espíritu se expresa en la vida de un discípulo.

El amor es la primera manifestación del fruto y su punto cardinal. Es la marca más distintiva de un discípulo. Estamos hablando de un amor sacrificial, desinteresado e incondicional. Su importancia es tan vital que su ausencia anula el valor de todo lo que podamos hacer. No es una mera emoción, sino un principio inteligente, voluntario y deliberado. Es una benevolencia insuperable y una bondad invencible que procura lo mejor para los demás, aun para los enemigos.

El gozo es la alegría de la fe que se funda en la esperanza y en la confianza total en Dios. No es la felicidad efímera que proviene de nuestros logros, ni lo que nos ofrecen los mecanismos de diversión, ni un placer material momentáneo. Es una alegría tan profunda que es capaz de sostenernos aun en las luchas más duras y en las peores angustias de la vida. En un mundo carente de gozo, lleno de tristeza y desilusión, el gozo de un discípulo sobresale inmediatamente.

La paz de Dios es esa tranquila serenidad del corazón que poseen aquellos que confían en el gobierno soberano de Dios. La paz se refleja en un hombre que disfruta su presente, en una mujer que no está preocupada por el mañana, en un corazón que reposa en Dios confiando en sus promesas y que camina seguro porque está convencido de que Dios gobierna sobre todas las cosas. La paz que sobrepasa todo entendimiento solo se encuentra en las manos de Dios.

La paciencia tiene dos enfoques. Por un lado, es la actitud de tenacidad que no cede frente al sufrimiento y que se sostiene ante momentos de presión, persecución o agotamiento. Por esto, la paciencia siempre está estrechamente vinculada a las pruebas. Por otro lado, la paciencia es una habilidad relacional. Es la actitud inmutable que un discípulo tiene frente a la provocación o el maltrato de otros. Es capaz de desechar del corazón el enojo, renunciando a la venganza. La paciencia es el resplandor de una persona que ha aprendido a amar con un corazón compasivo. Es un aspecto que solemos admirar en los demás, pero que nos resistimos a practicar en nuestra vida.

La benignidad es amabilidad. Quienes no han sido tratados con benignidad suelen ser ásperos, rígidos y crueles, y están desprovistos de gracia. Al contrario, quienes han sido tratados por el Espíritu en benignidad son afables, gentiles y considerados con los demás. El corazón benigno es un corazón manso, enternecido, que llora por el pecado de los malos y por el sacrificio injusto de los buenos.

La bondad es la cualidad de una persona regida por lo que es bueno y cuyo objetivo central es hacer el bien. La bondad que nos enseñó Jesús es amor en acción; no solo es hacer lo éticamente correcto. Se trata de hacer el bien con un buen corazón para agradar a Dios, sin esperar un retorno ni un reconocimiento de los demás. Es la acción constante de devolver bien por bien y bien por mal.

Fe, en este caso, significa fidelidad. Es la cualidad del discípulo leal que lo hace confiable. Su sentido engloba la integridad y la honradez. Una de las mejores pruebas de un carácter fiel es la fidelidad a la voluntad de Dios y a su Palabra.

La mansedumbre está relacionada con la sujeción y la humildad. Una persona mansa es cuidadosa, suave y hasta tierna en su trato con los demás. Los mansos no se airan fuera de tiempo, son dóciles y sencillos de corazón. No es una docilidad temerosa, ni una ternura emocional estéril, ni una quietud pasiva. La mansedumbre coloca el gobierno de nuestras emociones bajo la acción del Espíritu. La fuerza del caudal de un río regulado puede utilizarse para generar energía; el fuego controlado sirve para brindar calor en una casa. Así es la mansedumbre: poder bajo control, fuerza interior serena que confunde a los que piensan que es debilidad. Es amor sometido a disciplina.

La templanza es dominio propio y equilibrio. Es el freno divino frente a todo desenfreno de los deseos, pensamientos, sentimientos o apetitos carnales. La templanza es la habilidad dada por el Espíritu para ejercer dominio sobre nosotros mismos.

La prueba de la práctica

Es muy posible que Jesús no haya sido un carpintero clásico que elaboraba sillas artesanales por pedido, como a veces imaginamos. Los expertos en arqueología afirman que es muy probable que, junto con su padre, se haya dedicado a la carpintería urbana, específicamente trabajando en un proyecto de construcción de casas en una población cercana a Nazaret que fue edificada en su época. De ser así, la imagen que toma para esta ilustración le era muy cercana y conocida.

Jesús nos deja una nueva prueba del discipulado auténtico sin abandonar su radicalidad. Esta vez hay dos constructores: uno prudente y otro insensato. Hay dos casas: una edificada sobre la roca y otra sobre la arena. Ambas son azotadas por lluvias, ríos y vientos, pero los resultados son distintos: la casa edificada sobre la roca soportó el temporal; la otra se destruyó totalmente.

El problema de los constructores no radicaba en el conocimiento ni en la comprensión de las palabras que escucharon: ambos oyen y entienden, tienen la teoría. La dificultad tampoco pasaba por la pasividad, porque los dos hombres levantan su casa. Ni siquiera la tormenta hace la diferencia, ya que tanto uno como el otro sufren la tragedia con la misma intensidad. Hay muchas cosas en común, pero, en definitiva, la diferencia entre ellos es lo que define su destino y su identidad.

El criterio clave para separar la insensatez de la prudencia es el fundamento: la obediencia a las palabras que Él comunicó. Esa era la roca. La parábola se replica en Lucas 6 y nos da un dato más: nos dice que el prudente "cavó bien hondo y puso el cimiento sobre la roca". Es decir, no se quedó en la superficie arenosa, sino que excavó el suelo hasta llegar a una roca y recién allí comenzó a construir, no antes. El problema del insensato es que hizo su tarea superficialmente. Ambos tuvieron la misma oportunidad; posiblemente las casas lucían bien, pero solo uno profundizó. No existe el discipulado superficial. Una de las marcas más fuertes de la superficialidad en un cristiano es la comprensión de los mandatos de Dios sin obediencia. Eso es seguimiento sin profundidad; eso es construir sin fundamento. El discipulado auténtico está enraizado en la práctica: en oír y hacer. Cualquier otra forma de vida edificada fuera de esta base no tiene un buen final, pero aquellos que siguen al Maestro con la solvencia de la obediencia superan cualquier tormenta. Hay una potencia incalculable en "hacer lo que Jesús dijo", y no hay mayor honor para un maestro que un discípulo que escucha con atención, cree en lo que llega a sus oídos y responde con acciones concretas en su propia vida.

Algún día estaremos delante de Dios, y nuestra fe no podrá excusarnos, porque podemos creer en lo que Jesús nos enseñó sin vivirlo; de hecho, los demonios también creen. Tampoco podremos reemplazar nuestra desobediencia con actividades ministeriales, aunque hayamos profetizado y expulsado demonios en su nombre y con buenos resultados. Ni siquiera podremos escondernos detrás de nuestras palabras dichas correctamente; no alcanzarán a justificarnos, aunque clamemos: "Señor, Señor", porque la clave no está en lo que decimos, sino en "hacer la voluntad del Padre".

En las enseñanzas de Jesús no encontramos nada que sugiera que se puede disfrutar del perdón eterno a expensas de Jesús, sin tener nada que ver con Él. Pareciera divagar en los corazones de muchos cristianos el concepto equivocado de que podemos elegir aceptar al Señor solo porque lo necesitamos como Salvador y que tenemos el derecho de posponer nuestra obediencia a Él como Señor mientras lo deseemos. Pero la salvación desligada de la obediencia es desconocida en el mensaje de Jesús. El señorío de Cristo no se puede divorciar del discipulado. No puedo seguir a Jesús sin que Él sea mi Señor.

Es imposible concebir el discipulado con actividades fuera de la voluntad de Dios y con conocimiento bíblico sin aplicación

Aplicación

Muchas personas creen ser seguidoras de Jesús; algunas no están seguras de serlo y otras saben perfectamente que no lo son. El mensaje de Jesús es contundente y no deja lugar para términos medios: nos obliga a posicionarnos y definir de qué lado estamos. No se trata solo de traspasar la puerta, sino de transitar un camino. Jesús representa ambas cosas: Él es la puerta, la entrada al Reino, y también es el camino; es a quien seguimos una vez que estamos dentro. Nuestro compromiso con Él no termina cuando estamos seguros de ser salvos; allí comienza y crece a lo largo de todo el recorrido de nuestra vida.

De este lado de la eternidad, nunca nos graduaremos de discípulos; simplemente lo seremos, y su vida en nosotros irá en aumento. Somos impregnados cada vez más por los rasgos del carácter del Maestro. El fruto siempre es la evidencia: se hace concreto y brilla cuando amamos a nuestros enemigos, bendecimos a quienes nos maldicen o caminamos la segunda milla con un opresor.

Nuestra vida de obediencia constante se transforma en una vida plena y segura. Aunque el camino demande esfuerzo y conlleve incomodidades, la vida será estable e indestructible, como una casa sobre la roca.

¿Por qué puerta vamos a entrar? ¿Qué camino vamos a elegir? ¿Qué tipo de árbol vamos a ser y dónde vamos a construir? ¿Mi camino, mi forma de vivir, condicen con aquello que digo ser, o es solo follaje? Si me llevaran a juicio acusado de ser seguidor de Jesús, ¿habría evidencia suficiente para encontrarme culpable? ¿Cuál es tu decisión?

VERSÍCULOS DE APOYO

GÁLATAS 5:22-23 / JUAN 13:35 / ROMANOS 13:8 / 2 CORINTIOS 7:4 / ROMANOS 14:17 / SANTIAGO 1:2-3 / PROVERBIOS 15:1 / COLOSENSES 1:11 / SANTIAGO 3:17 / 2 CORINTIOS 10:1 / EFESIOS 5:9 / ROMANOS 15:14 / MATEO 25:21 / MATEO 5:5 / MATEO 11:28-30 / ISAÍAS 53:7 / LUCAS 6:46-49.

#3 UNA CONDICIÓN FUNDAMENTAL
(MATEO 11:28-30)

"... aprendan de mí, que soy manso y humilde de corazón, y encontrarán descanso para sus almas" (Mateo 11:29)

Si pudiésemos introducirnos en la mente de un discípulo judío de la época de Jesús, todo sería mucho más claro: podríamos comprender mucho mejor lo que significaba ser un discípulo en ese tiempo y lo que ello implicaba. Un discípulo es, esencialmente, un aprendiz. En aquellos días, era muy común ver a los maestros caminando por las calles junto a su grupo de discípulos mientras les enseñaban; pero esa situación no ocurría de un momento al otro, para llegar a ese punto necesitaban recorrer un camino previamente trazado.

El sistema educativo judío era uno de los más avanzados de su tiempo, estaba fraccionado en tres niveles. El primero se llamaba *Bet Sefer* —Casa del Libro—. Era obligatorio y se cursaba entre los cinco y los diez años. Los niños judíos estudiaban en la sinagoga local materias como aritmética y cronología, pero, esencialmente, aprendían a leer, escribir y memorizaban la Torá, es decir, los cinco primeros libros de nuestra Biblia. Cada clase comenzaba cuando el grupo se sentaba a los pies de su maestro. En uno de los primeros encuentros, se le pedía al niño que untara su dedo en un tarro de miel y, mientras saboreaba la dulzura en su boca, el maestro lo bendecía diciendo: "Que la Torá sea tan dulce para tu alma como esta miel lo es para tus labios", promoviendo así un amor especial por la Palabra de Dios desde temprana edad.

Al finalizar esta etapa, la mayoría de los niños regresaba a sus hogares para aprender el oficio de su padre. Sin embargo, los mejores estudiantes, aquellos que demostraban una habilidad especial para comprender la Torá, pasaban a un segundo nivel, llamado *Bet Talmud* —Casa de la Doctrina—. Esta fase se desarrollaba hasta los quince años y se enfocaba en enseñar las interpretaciones orales de los rabinos y otras escrituras judías. Además, leían y memorizaban el resto de los libros del Antiguo Testamento. ¡Una tarea monumental!

Quienes superaban el segundo nivel con un desempeño destacado pasaban al último escalón, llamado *Bet Midrash* —Casa de Interpretación—, que abarcaba desde los quince hasta los treinta años. El joven judío dejaba la sinagoga local para comenzar a seguir a un maestro y aprender sus interpretaciones acerca de la Torá. A este proceso se lo describía como "llevar sobre tus hombros el yugo de tu rabino". Las palabras de Jesús replican con exactitud esta imagen utilizada por los rabíes de su tiempo.

La invitación

Jesús no era la única propuesta que existía para aquellos que buscaban a alguien a quien seguir, pero Él conocía las dificultades de las demás alternativas. El eje de la enseñanza rabínica tradicional estaba puesto en la ley y en un cúmulo de observancias y tradiciones de hombres que debían ser cumplidas. Las interpretaciones de las indicaciones que Dios le había dado a su pueblo en el Antiguo Testamento se habían convertido en un peso tedioso y sin vida, empujado por una maquinaria religiosa que regulaba su cumplimiento y auditaba con exigencia, olvidando el espíritu de la ley.

Cuando Jesús entra en escena, quienes querían obedecer a Dios y vivir dentro de su voluntad estaban bajo este pesado e hiriente yugo legalista; transitaban su relación con Dios cansados y oprimidos.

Ya había pasado bastante tiempo desde que el legalismo se había introducido en el pueblo de Dios, resistiéndose a la misericordia y desdibujando la gracia. El corazón legalista presenta delante de Dios su propia justicia y condena a los demás, sentándose en un lugar que no le corresponde. Jesús confronta esta producción de interpretaciones de la ley, porque habían perdido el espíritu con el cual la ley fue diseñada por Dios. El corazón de la voluntad de Dios se distancia de esta de manipulación de reglas que ejercía un control ilegítimo, enfatizando y presionando sobre lo superficial, sin contemplar una transformación interna. Todo esto sobre la base de una mentalidad altiva y egoísta de quienes lo enseñaban.

Este tipo de maestros abundaba: usaban su conocimiento con orgullo y lo vestían de solemnidad. Estaban tan seguros de sí mismos y de su santidad que olvidaban la precariedad de su corazón y la necesidad del prójimo. Su obsesión por las reglas les había robado el amor por los demás.

Jesús les dice a sus discípulos: "Vengan a mí, porque mi yugo es suave y mi carga es liviana". Su propuesta era completamente distinta. El Señor les habla a quienes tratan de encontrar a Dios con corazones sinceros y no pueden lograrlo por la burocracia de la religión. En Cristo somos libres del yugo de la ley, que nunca va a poder ser satisfecha en su totalidad ni de forma absoluta. El yugo de Jesús es fácil, pero es yugo: una invitación a ser aprendices de Él en el sentido más comprometido que existe, con esmero y disciplina, pero no bajo la asfixia de un código legal, sino en la dimensión de la gracia y alineándonos con la voluntad del Padre.

Porque un discípulo de Jesús no es alguien que descubrió algo que debe cumplir, sino alguien que encontró una persona a quien seguir.

La atención

Cada uno de nosotros, en un sentido amplio, de alguna manera somos discipulados y discipuladores. El ejemplo más palpable es que todos hemos sido instruidos por nuestros padres o enseñados por alguien desde chicos, y, a medida que avanzamos en edad, nos damos cuenta de que, aunque no lo percibamos así, nos transformamos en discipuladores de otros. No estoy hablando únicamente del terreno espiritual; sencillamente traigo un caso típico de la vida en el cual todos podemos vernos identificados. Nuestra vida siempre se está configurando: aprendemos de nuestra familia, de nuestros hermanos, de nuestros amigos, de nuestras esposas, de nuestros jefes y de nuestros líderes. La influencia de ellos (y de otros) suele ser directa y, en muchos casos, permanente. Es un buen momento para preguntarnos si nos hemos detenido lo suficiente para aprender de Jesús y qué grado de influencia tienen sus palabras en nosotros.

Esto cobra sentido cuando observamos el significado básico del discipulado. Si no hay una relación de maestro y estudiante, cualquier aprendizaje pierde razón de ser. Por lo tanto, la frase "aprendan de mí", en boca de Jesús, tiene mucha fuerza. Seguramente, como en nuestro caso, las posibilidades de distracción son muchas, los ofrecimientos de enseñanzas contrarias están al acecho, y los yugos pesados e incorrectos se multiplican. Frente a todo este menú, Jesús nos pide que aprendamos de Él. Él es la referencia precisa, la revelación perfecta y la sabiduría completa.

Cuando Jesús dice "aprendan de mí", no estaba preocupado por sus aparentes competidores, ni experimentaba un déficit de autoestima. Él simplemente conoce la tendencia del corazón del hombre, ve el riesgo y nos alerta. Los dos yugos son completamente opuestos, pero, aun así, nos confundimos. Uno acarrea carga y agobio; el otro es liviano y nos trae descanso. La diferencia es clara, pero nos parece contradictorio ver nuestra vida de relación con Dios como algo suave y fácil. En el fondo, solemos tener la premisa de que la vida religiosa debe ser forzada, molesta y hasta aburrida. Seamos sinceros: nos hace ruido la palabra "fácil" y la palabra "ligera". Frente a esto, solo hay dos posibilidades: una de ellas es que Jesús se haya equivocado al decirlo; la otra, es que nosotros no comprendamos del todo lo que dijo.

Creo que el punto clave está en que se nos hace muy difícil terminar de asimilar su gracia. Esto, por supuesto, no significa que seguir a Cristo no demande esfuerzo, sino que nos conducimos bajo otro criterio: no el de la religiosidad vacía y forzosa, sino el de una relación directa de amor con nuestro Señor, la cual nos impulsa y nos da la capacidad de cumplir su voluntad.

Las palabras de Jesús nos alcanzan. No estaban destinadas solo a los discípulos que lo escucharon presencialmente; nos llegan a nosotros como un eco reciente y con la misma frescura: "aprendan de mí". El Señor, a diferencia de muchos fariseos, dejó plasmado en su misma vida lo que enseñó. Su autoridad tenía sustento en la coherencia; la teoría estaba aferrada a su vivir. No era un maestro de pizarrón, era una referencia concreta, terrena, visible y viva. No es casualidad que se admiraran de su autoridad.

La condición

Es inevitable no pasar por alto en el texto la insistencia en hablar en primera persona —"Venid a mí", "yo los haré descansar", "mi yugo", "mi carga", "aprendan de mí"—. Pareciera una contradicción que alguien intente dar una lección de humildad hablando tanto de sí mismo, pero no lo es; hay una intención detrás. Este Maestro es diferente: su identidad y su integridad le otorgan permisos especiales que lo autorizan a arriesgarse, con una extraña tranquilidad, a una autorreferencia. Él no está siendo irónico ni pretende confundir a sus discípulos; simplemente disfruta de la seguridad de ser realmente quien dice ser, y tiene tan claro su lugar y su dependencia del Padre que habla con plena libertad. Él es y hace lo que predica. No necesitaba demostrar su humildad: la vivía.

La mansedumbre y la humildad conforman una condición fundamental del discipulado. Si pudiéramos ubicar en sus lugares a estas dos características para intentar definirlas y reconocerlas mejor, podríamos decir que la mansedumbre es una condición externa hacia los demás y hacia Dios, que está supeditada a otra condición interna del corazón llamada humildad. La persona humilde tiene una disposición de mente y corazón que la capacita para vivir con mansedumbre. Ambas características están hermanadas y son indispensables para un discipulado legítimo. Cuando la humildad no gobierna, reina el orgullo, y cuando la docilidad no se abre camino, la actitud del hombre se vuelve hostil ante la autoridad.

Es imposible aprender con un corazón orgulloso, a cualquier escala y en cualquier lugar. Pero, en términos del Reino de Dios y del discipulado cristiano, esto se convierte en una traba gigantesca. Un corazón que se niega a crecer en humildad estará limitado en su desarrollo como discípulo; así como la persona que resista la docilidad carecerá de un espíritu tierno para recibir instrucción. Dios siempre se ocupa de enseñarnos, pero a veces lo hace de maneras no convencionales, en las circunstancias más insólitas y mediante las personas menos esperadas. Solo los discípulos sencillos de corazón podrán captarlo y absorberlo. Esto es lo que padeció cada uno de los opositores de Jesús en los días de su encarnación. No eran personas faltas de preparación teológica; ¡todo lo contrario! Estaban en las sinagogas y tenían discípulos propios, pero carecían de humildad y docilidad.

El discipulado no es información; la información no nos hace discípulos. El conocimiento de este tipo puede envanecernos y llenar nuestro corazón de altivez, y un corazón enaltecido no es apto para aprender. Cristo nunca equiparó el conocimiento teórico con el discipulado. De hecho, sus discusiones más grandes y sus confrontaciones más fuertes fueron con personas que estaban cargadas de conocimiento y colapsadas de información. Un buen discípulo no está en contra del conocimiento intelectual, pero reconoce sus riesgos. Para que nuestro crecimiento intelectual no atente contra nuestro crecimiento espiritual, debemos guardar nuestros corazones del orgullo. La soberbia puede llevarnos, sin percatarnos, a querer ser los rabíes del Mesías, desafiando sus enseñanzas con nuestra opinión y su autoridad con nuestro desprecio.

Cuando la humildad no figura como un factor determinante en los componentes de nuestro carácter, podemos tener frente a nosotros al mayor de los Maestros, al Creador en persona, y no reconocerlo; discutirle con nuestros argumentos de papel y llevarlo a la cruz sin advertir quién era, simplemente por defender nuestras creencias y pararnos en nuestra propia opinión. Hay una ley espiritual que se cumple en todos los casos: "Jehová es excelso, y atiende al humilde, pero al altivo mira de lejos" (Sal. 138:6). Un discípulo es alguien que camina muy cerca de su Maestro; es un aprendiz atento que sabe que la cercanía a Dios está marcada por la humildad y el distanciamiento, por el orgullo. El buen discípulo, después de unos metros de recorrido, logra interpretar que, mientras más nos acercamos a Dios, menos orgullo nos queda, porque el orgullo es justamente lo que nos aleja de Él.

Aplicación

La humildad es un rasgo que tiende a esquivarnos. Frecuentemente somos bastante orgullosos, pero vivimos creyendo que somos humildes. Y cuando nos animamos a sospechar de nuestra humildad, usualmente no pensamos que somos tan orgullosos como en realidad somos. El orgullo es un problema de altura; en este sentido, la humildad es una amenaza cuando buscamos escalar y hacernos un lugar en el mundo bajo las reglas que lo gobiernan. La altivez nos engaña, maneja nuestra manera de vivir, afecta nuestras relaciones interpersonales y distorsiona nuestro discipulado. ¡Cuidado con esta forma de pensar! Aprendamos de Jesús.

Nosotros queremos subir, y él quiere que aprendamos a bajar. El camino ancho nos enseñó a tomar todo tipo de recursos para defender nuestro espacio y nuestra posición; pero, en medio del trayecto, nos encontramos con el modelo del Señor, que no estimó el ser igual a Dios como cosa a qué aferrarse, sino que se despojó a sí mismo y bajó. Jesús se hizo hombre, fue obediente, vivió como un siervo y fue a la cruz para luego resucitar; y entonces, el Padre, después de eso, le dio un nombre que es sobre todo nombre.

La enseñanza de Jesús necesita corazones humildes. No hay posibilidad de que aprendamos de él sin esta condición. Tampoco es posible que aprendamos de quien él envía para hablarnos si no somos dóciles. Si estamos siguiendo a un maestro, y si el discipulado se trata de aprendizaje, entonces no podemos sostenerlo con orgullo: es incompatible. Nuestro interior debe tener una actitud enseñable. Si nuestro corazón no es pequeño, por más que tengamos al mejor de los maestros, no podremos aprender ni tendremos la confianza de creer en lo que él nos pueda entregar para llevarlo a nuestra vida.

No es una cuestión de amontonamiento de información. El conocimiento como fin en sí mismo puede alimentar un corazón arrogante. Esto es así, aunque estemos hablando de conocimiento bíblico. El discipulado es mucho más que eso. Si solo nos quedamos con ese tipo de aprendizaje, podemos llegar a envanecernos, y la vanidad es un campo muy fértil para el orgullo. El

Reino de Dios es el lugar donde los humildes triunfan, donde los corazones pequeños son promocionados, donde los hijos son discípulos que escuchan para aprender y aprenden para vivir.

Acumular mucho conocimiento tiene un riesgo más: puede adormecernos. Saber que, al menos, logramos registrar la teoría tiende a relajarnos, y justo en ese lugar está la trampa. Tenemos el conocimiento, pero no avanzamos; somos discípulos, pero no ejercemos. El discipulado que Jesús enseñó no se queda en el registro de conceptos, sino que llega hasta la vida misma: es completo. Su Palabra tiene la capacidad de impregnar cada ámbito de nuestra existencia.

¿La humildad forma parte fundamental de tu vida cristiana o es algo secundario y olvidado? ¿Cuál es tu nivel actual de orgullo? ¿Cuál es tu grado de humildad? ¿Cómo podrías medirlo? ¿Podrías nombrar tres personas que tienen alguna influencia en tu vida? ¿Qué lugar tiene Jesús entre ellas? ¿Ese lugar es real o Jesús figura en el podio por compromiso? ¿Alguna vez usaste algún conocimiento que adquiriste para lucirte? ¿Puede ser que lo hayas hecho y lo hayas encubierto bien? ¿Cómo es tu relación con Dios hoy? ¿Tu discipulado es pesado, un compromiso forzado? ¿Qué yugo llevas sobre tus hombros? ¿Será ese el motivo de tu cansancio?

VERSÍCULOS DE APOYO
1 CORINTIOS 8:1 / 1 PEDRO 5:5-6 /
SALMO 51:17 / FILIPENSES 2:3-11 /
ISAÍAS 57:15.

#4 LA GRAN "OMISIÓN"
(MATEO. 28:16-20)

"Toda potestad me es dada en el cielo y en la tierra. Por tanto, id, y haced discípulos..." (Mateo 28:18-28)

En este capítulo, que todavía pertenece a las primeras hojas del libro, me parece necesario hacer un gran salto en la historia de Jesús con sus discípulos para detenernos en uno de los momentos más importantes de todo su recorrido: el último (antes de ascender). Estamos tan acostumbrados a escuchar lo que Jesús pronunció ese día, que tengo la sensación de que hemos perdido su impacto inicial y dejamos de impresionarnos. Tanto es así que el texto consagrado tradicionalmente como "la gran comisión" ha pasado, para muchos, a ser "la gran omisión".

Quizá la pérdida de su vigencia en el corazón de la Iglesia se debe a la reiteración constante que se hace de esta cita sin notar su peso espiritual, o tal vez al olvido que genera su descuido. Más allá de las causas, espero que este capítulo contribuya a sacar estas palabras de esos lugares rutinarios y secos. No lo merecen, por su relevancia para los discípulos de todos los tiempos y por el sencillo motivo de que salieron de la boca de Jesús y son claves para la misión.

El contexto

La tumba vacía, después de tres días, era un problema para los soldados romanos que tenían a cargo su custodia; pero resultó ser también una oportunidad para quienes lo habían llevado a la cruz. Mientras las autoridades judías tramaban planes siniestros, pagando fuertes sumas de dinero a los guardias para que culparan a los discípulos por la desaparición del cuerpo de Jesús, tres mujeres regresaban del sepulcro tras haber visto al ángel que removió la piedra de la tumba. Corrían con ansiedad y llevaban en su interior una mezcla extraña de miedo y alegría.

Jesús las intercepta. Ellas quedan impactadas. Él las tranquiliza diciéndoles que no tengan miedo. Entonces lo reconocen, abrazan sus pies y lo adoran. El Señor les entrega una indicación para los discípulos: "Vayan a Galilea; allí me verán". Ellos obedecen y esperan al Señor en el monte indicado.

Cuando los discípulos ven a Jesús, hacen lo mismo que las mujeres: lo adoran. Las mujeres estaban aterradas en la tumba, y varios de los discípulos tenían dudas en la montaña; pero ninguna de estas dos sensaciones fue un obstáculo para su adoración. La adoración es un punto de encuentro con el Señor: su presencia disuelve el miedo y quiebra las dudas. No fue solo un momento emocional de reencuentro con Jesús; fue mucho más que eso. Quizás este sea parte del problema por el cual la Iglesia no termina de poner en acción este mandato: posiblemente necesitemos convertirnos en mejores adoradores antes de "ir".

Lo que muchas veces nos retiene y paraliza es la devoción que tenemos por nuestras propias vidas, nuestros intereses y nuestros sueños personales. No hemos podido adoptar la adoración como un estilo de vida y, en su lugar, fuimos creando versiones actualizadas de idolatría. No hay discipulado sin adoración, sin reconocimiento y sin entrega. La obediencia no consiste en una serie de pasos de un tutorial ni en las instrucciones frías de un manual. Un discípulo tiene una admiración creciente por aquel a quien ha decidido seguir y obedecer.

Ellos no seguían a cualquiera: Él estaba allí, frente a sus ojos, vivo, en el monte de Galilea, tal como lo había dicho, porque resucitó como lo prometió. Su adoración también significaba que habían entendido definitivamente quién era Él: que Jesús era el Hijo de Dios, que había venido del Padre. Jesús era el Cristo resucitado; ya había vencido a la muerte, y toda autoridad en el cielo y en la tierra le había sido entregada legítimamente. Sin tener esto claro, tampoco se puede "ir", porque no lo hacemos por nuestros propios medios ni en nuestra fuerza, sino en su nombre y con su autoridad.

La misión

Quienes lo hemos intentado más de una vez, con el tiempo descubrimos que no siempre la falla en el cumplimiento de este mandato está en el "ir", porque, en menor o mayor medida, la iglesia se moviliza. La omisión se encuentra en aquello que Dios nos envió a hacer. El pilar de este mandamiento está en hacer discípulos: este es el único verbo imperativo de todo el texto. Este es el foco del mandato, pero también de la omisión. Jesús fue claro al decirlo, ni siquiera es extenso: la misión de los discípulos era hacer más discípulos de Jesús. Sin embargo, nosotros construimos caminos parecidos y reemplazamos el discipulado por ideas similares.

Pensamos en la Gran Comisión, pero nos ocupamos de otros aspectos de la vida cristiana. Jesús no nos envió a realizar actividades sociales, ni siquiera nos envió a levantar "iglesias", salvo que esto colabore o sea una consecuencia del "hacer discípulos"; en tal caso, tendrían que estar en segundo orden. El Señor tampoco nos envió a hacer adeptos de un movimiento espiritual, miembros de una organización, afiliados de una denominación o simpatizantes de un credo. Algunas de estas características tienen buenas intenciones o podrían servir para cubrir necesidades administrativas que nos ayuden a organizarnos en una comunidad de fe, pero ninguna de ellas es sustancial cuando hablamos de discipulado.

A veces, reemplazamos la palabra "discípulo" por otros conceptos que encajan mejor dentro de las iglesias y nos dejan más tranquilos, como, por ejemplo, "creyente" o "convertido". No son malos acercamientos, pero son incompletos. Creer en Dios no nos asegura mucho; la misma Biblia dice que los demonios creen... y tiemblan (Santiago 2:19), y también muestra que son buenos teólogos (Mateo 8:28-29). Un convertido es una buena forma de referirse a alguien que entregó su vida a Jesús; aun así, podría aludir solo a un primer momento de su relación con Dios. Esto no lo convierte inmediatamente en un discípulo: los requerimientos para encontrar salvación en Cristo no son los mismos que para ser su discípulo (lo veremos más adelante), aunque una cosa debería implicar la otra.

Quisiera hacer una última observación entre dos palabras que hasta ahora consideramos como sinónimos: "seguidor" y "discípulo". Especialmente en nuestros días de redes sociales, el concepto de "seguidor" está bastante devaluado y carece de un sentido de compromiso. Los dos términos no son exactamente iguales; su peso no es el mismo cuando hablamos de discipulado. Muchos seguían al Señor, pero no todos eran sus discípulos. Un discípulo de Jesús es alguien que sigue a su Maestro, pero el seguimiento no garantiza una vida de discipulado.

El lugar

Es habitual encontrar miembros de congregaciones que suponen, sin pensarlo demasiado, que la Gran Comisión es una tarea que se realiza solo en otros países. Esto posiblemente se deba a que encontramos en el texto la palabra "naciones", cuando una mejor traducción podría ser nuestro término contemporáneo "grupos étnicos", o sencillamente ser una alusión a "personas de todo tipo". Si pensamos en naciones como habitualmente lo hacemos, nos lleva, en la práctica, a no considerar a "nuestro tipo de personas" como aquellos a quienes debemos alcanzar. Es como si nuestro horizonte evangelizador fuese únicamente transcultural.

Nuestra responsabilidad no es solo llevar adelante la orden de Jesús en otros territorios, sino ejecutar la Gran Comisión exactamente donde estamos. Si nos preguntamos dónde debe llevarse a cabo la misión, la respuesta debería ser: en nuestro lugar y fuera de nuestras fronteras; acá y allá, y ambas al mismo tiempo. Soy de los que creen que, cuando Jesús nos dijo que seríamos testigos en Jerusalén, Judea, Samaria y hasta lo último de la tierra (Hechos 1:8b), no estaba hablando necesariamente de un escalonamiento territorial evangelizador en el cual no se pueden alcanzar las últimas regiones hasta haber alcanzado las primeras. Hoy, todo puede darse al mismo tiempo. La iglesia debe motivar, orar y sostener tanto las misiones cercanas como las lejanas. Todo es un mandato: hasta lo último de la tierra, y eso incluye lo inmediato. Estamos obedeciendo cuando hacemos discípulos en nuestro barrio y cuando enviamos misioneros al otro lado del mundo. El compromiso debe ser integral.

La forma

Es impensable que intentemos llevar adelante la Gran Comisión sin un modelo que la encarne en nuestros días y en el entorno en el que vivimos. Pero, más allá del modelo que se elija, se deberían considerar tres precisiones que encontramos en la Gran Comisión y que no pueden ser dejadas de lado.

La primera de ellas se encuentra en la frase "Id y haced discípulos" y tiene que ver con una cualidad particular de la misión. Estas palabras, en su idioma original (griego), transmiten un sentido de urgencia. Esto responde a la necesidad profunda que tiene el ser humano de encontrar propósito y sentido en una relación directa con su Creador. La destrucción que el pecado ocasiona en el hombre y en las familias es inmensa. El Señor nos dice que la tarea que Él nos ha encomendado no puede esperar. La demora no responde al corazón de Dios: este mandato debe estar en primera línea entre las prioridades de la Iglesia.

Esto no quiere decir que lo realicemos de forma atropellada o inoportuna. No. La evangelización debe ser una tarea natural en cada discípulo, pero necesita hacerse con excelencia, entendiendo los momentos y buscando la mejor manera. Hay innumerables planes en nuestras agendas que consumen gran parte de nuestra energía, nuestros presupuestos y nuestro tiempo. La pregunta es si tales planes responden a estas intenciones. Jesús, a través de este mandato, nos transmite su compasión y nos pide que no lo omitamos, porque la autoridad que Él nos dio fue con este fin: alcanzar con su amor a aquellos que aún no disfrutan de su perdón, para que sean sus discípulos. Él vino para quienes viven sin Dios y sin esperanza, sin perdón y sin paz; y a ellos nos envía en su nombre.

La segunda precisión es que hagamos discípulos bautizándolos. El bautismo es un símbolo y una expresión pública que representa una transformación espiritual radical en el interior de una persona. Es la dramatización externa y visible del nuevo nacimiento. A la luz del Nuevo Testamento, es inconcebible que una persona que dice ser discípulo de Jesús no quiera identificarse públicamente con Él por medio del bautismo. Para la Iglesia primitiva, la ausencia de bautismo era sinónimo de falta de conversión y arrepentimiento. Si bien es cierto que no debemos confundir la señal con aquello que significa, también lo es que la marca más fuerte de un discípulo es su obediencia, y el bautismo es su primera expresión. El bautismo no tiene una importancia menor; de lo contrario, no estaría incluido en este mandato. Por lo tanto, es un símbolo que no puede ser descartado sin consecuencias serias, porque simplemente estaríamos en desobediencia.

La indicación es que los nuevos discípulos deben ser bautizados en el nombre del Padre, del Hijo y del Espíritu Santo. Este es uno de los pocos lugares en la Biblia en los que la Trinidad aparece con claridad. No lo pasemos por alto. Dos tecnicismos del texto nos ofrecen claves para conocer más a nuestro Dios. Por un lado, cada una de las personas de la Trinidad tiene un artículo definido; esto nos señala que son tres personas y que cada una de ellas es distinta. El Padre es quien envía al Hijo, y cuando el Hijo asciende al trono, luego de resucitar, el Espíritu desciende para transformar la vida de aquellos que creen y se arrepienten, y para equiparlos con poder para cumplir la Gran Comisión (Hechos 1:8a).

El otro detalle que el texto nos da es que debemos bautizarlos "en el nombre...", en singular. Esto revela que Dios es uno en tres personas, pero un solo ser. Es el misterio de la Trinidad que se reveló con claridad en el bautismo de Jesús. El Señor, siendo Dios hecho hombre, se bautizó, y en ese mismo momento el Padre habló desde el cielo y el Espíritu descendió como paloma para ungirlo con poder para su misión, como sucedió con los discípulos en Pentecostés.

El tercer punto es que nos envió a enseñarles a guardar (obedecer) todas las cosas que Él nos mandó. Las personas regeneradas no emergen del nuevo nacimiento con una comprensión acabada ni con el carácter propio de un discípulo maduro. Lutero decía: "Pensé que el viejo hombre había muerto en las aguas del bautismo, pero descubrí que el infeliz sabía nadar". Los nuevos discípulos apenas nacen espiritualmente; entran en un proceso en el que necesitan crecer, y para esto es indispensable que sean alimentados, enseñados y cuidados.

Jesús no nos envió solo a enseñar, sino a enseñar a guardar todas las cosas que Él nos enseñó. La figura es la de un discípulo que enseña a otro a obedecer al Señor porque él mismo lo hace. La palabra es practicada antes de ser pronunciada. La vida misma de aquel que enseña está comprometida con su enseñanza: no hay contradicción. Es muy importante la palabra "todas". No hay una selección intencional de algunos mandatos exclusivos, ni un recorte en alguno de ellos, ni tampoco una edición mejorada de lo que ya fue dispuesto por Jesús. Se trata de enseñar a obedecer todo el consejo de Dios tal como Él lo enseñó, con el mismo espíritu e intención, y en forma íntegra y completa.

Aplicación

Sin dudas, la misión debe ser recuperada. La iglesia necesita seguir despertando y responder a lo que Jesús dijo en ese monte, porque continúa teniendo un sentido de urgencia en el corazón del Padre y, por lo tanto, debe ser central en nuestra vida como hijos de Dios. Si hoy somos discípulos, es porque alguna vez hubo otro discípulo que fue encendido con la misma pasión del corazón de Jesús por aquellos que no fueron alcanzados. Si pudimos llegar a la madurez que logramos, es porque no fuimos abandonados cuando recién nacimos, sino que algún discípulo nos protegió pastoralmente, nos dio de comer pan espiritual y pudimos madurar hasta el día de hoy. Si llegaste hasta este punto del libro, es porque la gran comisión llegó a tus oídos otra vez, y esto deja en tus manos una gran responsabilidad, porque no es otra cosa que un mandamiento del cielo.

Seguramente, este capítulo provoque en tu corazón algunas sensaciones que atenten contra tu obediencia. Solo te recuerdo que los discípulos vivieron cosas parecidas: tenían miedos y dudas. La realidad es que casi siempre sucede. No te olvides que a este pasaje le falta la última frase, una promesa que no podemos olvidar: Él nos aseguró que estaría con nosotros hasta el fin del mundo. ¡Esa es nuestra convicción! Él ya resucitó, no está en la tumba, vive y camina con todo seguidor que lo adora y le obedece. Su presencia es todo lo que necesitamos para cumplir la enorme tarea que nos asignó. ¡En Él lo tenemos todo!

¿Qué consideras que podemos hacer como iglesia para mantener vigente la gran comisión? ¿Qué puedes hacer desde tu lugar, a nivel personal, para obedecer este mandato? ¿Recuerdas quién o quiénes te compartieron el evangelio? ¿Cómo viviste el día de tu bautismo? ¿Estás siendo parte de la gran comisión a toda la tierra? ¿Conoces, oras u ofrendas para que otros conozcan a Cristo en otros países? ¿Cuándo fue la última vez que le hablaste a alguien de Jesús y cuál fue el resultado?

VERSÍCULOS DE APOYO
MATEO 28:1-15 / MARCOS 16:15 /
LUCAS 24:46-49 / JUAN 20:21 /
ROMANOS 10:10-15.

PARTE 2

MARCOS, EL DISCIPULADO EN EL EVANGELIO DE LA ACCIÓN

A los tres primeros evangelios se los llama sinópticos. Esto significa que se pueden estudiar en conjunto, comparándolos y buscando armonizarlos para entender mejor su mensaje. Sin embargo, cada uno conserva su estilo y enfoque particular. No fueron escritos al mismo tiempo, ni por la misma persona, ni con el mismo objetivo, y tampoco compartían exactamente el mismo público. Cada autor vivió una experiencia distinta con Jesús. De los cuatro evangelistas, solo dos fueron apóstoles (Mateo y Juan); los otros dos, aunque no lo fueron, tienen autoridad suficiente por su cercanía con algún apóstol.

Aunque se pueden encontrar paralelismos y similitudes entre estos evangelios, también hay diferencias claras. Es como si distintos testigos contaran un mismo hecho: todos presenciaron lo mismo, pero cada uno lo vivió de forma única. Para entenderlo mejor, imaginemos un accidente entre dos autos. No será igual el relato de alguien que cruzaba la calle justo en ese momento, que el de un vecino que lo escuchó desde lejos y salió a ver qué pasaba, o el de un policía que llegó más tarde. Todos hablarán del mismo choque, pero desde lugares y momentos diferentes.

Marcos es el evangelio de la acción. Siguiendo con la ilustración del accidente, sería como si Marcos hubiera estado dentro de uno de los autos. Cuenta lo que vivió de cerca, de manera directa y vívida, como si narrara uno de los apóstoles más cercanos a Jesús. Por eso, muchos dicen que, por su cercanía a Pedro, el relato de Marcos sería en realidad una recopilación de los recuerdos del propio Pedro.

Es un evangelio atrapante y dinámico. Es el más narrativo de todos: le da más lugar a las acciones que a los discursos o enseñanzas de Jesús. No desarrolla tanto la teología como otros escritos del Nuevo Testamento, pero sí muestra con fuerza el lado humano del Señor. Es ágil, directo, lleno de movimiento. Los verbos mandan más que los adjetivos. Tiene un estilo fresco y hasta vertiginoso. Describe los hechos sin muchos adornos ni vueltas. Leer Marcos es como ver una película: todo se muestra con imágenes y hechos, no con largos discursos. Por eso, es un evangelio muy actual, porque vivimos en un tiempo donde lo visual domina.

Su estilo es sencillo y al grano. No se enreda con explicaciones ni usa palabras rebuscadas. La introducción es tan breve que parece un título, y enseguida, en pocos versículos, ya tenemos a Jesús con 30 años, comenzando su ministerio. Mateo y Lucas se toman varios capítulos para hablar del nacimiento, las genealogías y los primeros años. Marcos no: va directo. Todo pasa "en seguida", "de repente", sin detenerse, saltando de ciudad en ciudad. La narración tiene tensión y urgencia, como si todo se dirigiera al gran final: la muerte y resurrección de Jesús.

La gran pregunta que recorre todo el evangelio es: ¿Quién es Jesús? Sus discípulos se lo preguntan, la multitud lo duda, sus enemigos lo discuten. Lo curioso es que los que mejor lo entienden son los demonios: reconocen su autoridad y saben exactamente quién es. Pero Jesús les ordena callar, igual que a los que sana. No quiere que se revele su identidad antes de tiempo. Hay un momento señalado por el Padre para llegar a la cruz, y nada debía adelantarse.

Marcos nos muestra a un Jesús que no se quedaba en palabras. No enseñaba desde un púlpito, sino que predicaba con su vida. Su mensaje se veía en los enfermos sanados, en su poder sobre la naturaleza, en su autoridad frente a los demonios. Llevó a sus discípulos fuera del aula, a estar con los necesitados, los leprosos, los ciegos, los que sufrían, los gentiles y los rechazados. Su identidad quedó confirmada por sus hechos. Por eso, al leerlo, entendemos que este es "el comienzo del evangelio de Jesucristo, Hijo de Dios" (Marcos 1:1).

"Y designó a doce, para que estuvieran con él y para enviarlos a predicar, y para que tuvieran autoridad de expulsar demonios" (Marcos 3:14-15)

El primer año del ministerio de Jesús fue bastante silencioso; no tenemos mucha información sobre esa etapa. Fue un período relativamente oscuro que los tres primeros evangelios no relatan en detalle. El que más habla de esos comienzos es el evangelio de Juan: ahí vemos cómo los primeros acercamientos a la gente fueron personales. Aparecen las bodas de Caná, la conversación con Nicodemo y el encuentro con la mujer samaritana.

El segundo año fue el de la popularidad. Su fama empezó a crecer de forma impresionante, al punto de que se hablaba de Él más allá de las fronteras de Palestina. La gente lo buscaba con desesperación; a veces ni siquiera tenía tiempo para comer. El ministerio era intenso, así que no sorprende que, en medio de una tormenta donde el barco casi se hundía, el Señor no se despertara: estaba agotado. Tratemos de ubicarnos a su lado, con todo esto en mente, mientras recorremos el relato y descubrimos los principios de discipulado que hay detrás.

La selección

Jesús había sanado a un hombre con la mano paralizada un sábado, y en medio de la sinagoga. El milagro fue muy provocador por todo el contexto, por quienes estaban presentes y porque fue real; no tardó en viralizarse. A partir de allí, los fariseos y los herodianos comenzaron a pensar en cómo matarlo. Jesús se retiró nuevamente al mar de Galilea con sus discípulos, y una multitud enorme lo siguió. Venían de Idumea, que quedaba al otro lado del Jordán, y de Tiro y Sidón, lugares muy al norte, fuera de Galilea. La presencia de las multitudes era apremiante. La desesperación de la gente por Jesús los llevaba a querer tocarlo a cualquier precio. Las personas cautivas por Satanás reaccionaban, se manifestaban, y los demonios gritaban mientras Jesús caminaba. Era un caos asfixiante, a tal punto que el Señor les pidió a sus discípulos que le prepararan una barca para evitar que la gente lo atropellara.

El ministerio de Jesús crecía; el trabajo era cada vez más fuerte y demandante. Era el momento adecuado para que formara su equipo ministerial. El Señor deja muy en claro, desde temprano, que la manera de trabajar en el Reino no es en soledad, sino en equipo. Luego de pasar una noche en tranquilidad y en contacto con el Padre, "llamó a los que él quiso". No son ellos los que se juntan y deciden brindarle una ayuda a un maestro agotado como un gesto de consideración; el sentido es contrario: es una directiva de Jesús. Él es quien lo define. Él los selecciona entre muchos que, seguramente, hubieran aceptado esta misma invitación. Con varios de ellos ya se había encontrado personalmente, pero ahora, de entre una multitud, elige a doce. Este número está cargado de significado: así como las doce tribus representaban a Israel, los doce apóstoles representan a la Iglesia. Ellos edificarán el fundamento de la Iglesia con Jesucristo como piedra angular.

Dios decide, en su soberanía, llamar a estos doce hombres, y ellos responden —"vinieron a él" —. La naturaleza del llamado de Dios es soberana, pero a la vez hay una voluntad en movimiento. Hubo una atracción de Jesús, hubo algo que los sedujo espiritualmente; su llamado fue irresistible. Ellos no cuestionan, ni preguntan, ni consultan la letra chica del contrato. Simplemente, saben que lo seguirán.

Los motivos

El Señor los aparta para una tarea triple: para que lo acompañaran, para enviarlos a predicar y para ejercer autoridad expulsando demonios. Son tres actividades a las que Jesús se dedicaba y realizaba con asiduidad (Marcos 1:14 y 1:34). Pasar tiempo con una persona hace que adquiramos características similares a ella. Esto es mucho más fuerte cuando admiramos a quien seguimos, cuando posee un magnetismo especial, cuando tiene autoridad y cuando lo elegimos como maestro.

Recién en este momento, los discípulos pasan a estar con Jesús todo el tiempo. Hasta aquí, su tiempo de seguimiento era parcial y, si bien algunos de sus llamados individuales sobresalen en el relato de los evangelios, hasta este momento eran parte de la multitud: aún no estaban con Jesús las veinticuatro horas del día. Es un momento crucial. Aún no lo sabían, pero la Iglesia quedaría en manos de ellos cuando llegara la hora de que Cristo retornara al Padre. Estar con Él era decisivo; la cercanía lo era todo.

La realidad es que las multitudes buscaban al Señor más por lo que había hecho que por lo que había dicho. Pero el Señor estaba especialmente interesado en que su mensaje fuera transmitido y escuchado. Una de las razones por las cuales los doce estaban con Jesús era para incorporar el evangelio del Reino en sus vidas, a fin de poder anunciarlo abiertamente y con autoridad. No era cualquier mensaje; de hecho, era muy diferente. Para asimilarlo e integrarlo en sus corazones, necesitaban comenzar a romper con barreras interiores y prejuicios. Luego, podrían anunciarlo. Por eso, era prioritario que estuviesen con Él.

El espíritu de sus palabras era mucho más penetrante que lo que escuchaban de la Torá, y mucho más comprometedor. Entre otras cosas, había que amar a los enemigos, desmantelar la hipocresía y no codiciar a las mujeres con el corazón. Esto requería, como base, un arrepentimiento pleno delante de Dios y una fe sincera.

La autoridad espiritual para expulsar demonios es mencionada en este pasaje, pero recién es ejercida por ellos varios meses después. Necesitaban aprender cómo lidiar con este tipo de tarea y ver a Jesús en acción. El mensaje no eran solo palabras: iba acompañado por señales.

El equipo

Creo, sin temor a equivocarme, que ninguno de nosotros habría seleccionado a las personas que Jesús eligió para acompañarlo en su ministerio. Imaginemos que una firma de recursos humanos evalúa al equipo y le envía un informe con los resultados y las conclusiones a las que ha llegado. El reporte que llega a manos de Jesús es el siguiente:

A Jesús de Nazaret, hijo de José, de parte de GalileaPowerGroup.

> *Gracias por enviarnos los currículums de los doce hombres que ha escogido para puestos de liderazgo en su nueva organización y por confiarnos esta tarea. Todos ellos han completado cada una de nuestras pruebas, y no solo hemos evaluado los resultados a través de nuestro sistema, sino que también organizamos entrevistas personales con cada uno de ellos, junto a nuestro gabinete de consultores en aptitud profesional. Como parte de nuestro servicio, le adjuntamos algunos comentarios generales que surgen de las interconsultas con el personal especializado. Estos vienen sin ningún cargo adicional.*

La mayoría de los candidatos carecen de los antecedentes, educación y aptitud profesional necesarios para el tipo de proyecto que usted está llevando a cabo. Además, no poseen una noción clara del trabajo en equipo. Le recomendamos que continúe su búsqueda.

Simón Pedro es emocionalmente inestable y proclive a arrebatos coléricos. Andrés no demuestra absolutamente ninguna cualidad de liderazgo. Los hermanos Santiago y Juan anteponen sus intereses personales a la lealtad a la organización. Tomás tiene una actitud escéptica, proclive a crear ambientes de desconfianza. Es nuestro deber informarle que Mateo se encuentra en la lista negra de la administración de ingresos públicos de Jerusalén. Santiago y Tadeo tienen inclinaciones radicales peligrosas y presentan un nivel elevado en la escala maníaco-depresiva.

Solo uno muestra gran potencial, capacidad, ingenio, espíritu empresarial, ambición y entusiasmo. Le recomendamos ampliamente a Judas Iscariote como potencial gerente y hombre de confianza.

Quedamos a su entera disposición.
GalileaPowerGroup

Desde nuestra perspectiva, ninguno de los discípulos tenía cualidades ni oportunidades: eran doce hombres comunes y corrientes. Con excepción de Judas, todos eran de Galilea, y los galileos no tenían buena reputación; eran considerados personas poco sofisticadas, con escasa educación y bajo nivel cultural, en general dedicadas más a la actividad rural, pesquera o comercial, y despreciadas por la casta religiosa de Jerusalén. Judas era el único que venía de otro lugar: Keriot. Ninguno de ellos tenía experiencia ministerial, no llevaban un apellido destacado ni provenían de familias influyentes.

Jesús pasa por alto todo el sistema religioso imperante: ninguno de los doce era fariseo, saduceo o escriba. Al menos cuatro de ellos tenían un proyecto pesquero; Mateo era publicano (recaudador de impuestos), y también había un zelote llamado Simón. Era impensado que ambos formaran parte del mismo equipo, porque para los judíos los publicanos eran traidores de su patria, y un zelote era una especie de guerrillero que militaba contra Roma. Los zelotes llevaban una daga encorvada que usaban para matar, y uno de sus objetivos predilectos eran los recaudadores de impuestos. Solo imaginémonos a Mateo rogándole al cielo que no le tocara con Simón cuando Jesús los envió de dos en dos.

Ellos tenían problemas de ambición, hambre de poder, orgullo y egoísmos profundos. Eran hombres de poca fe, marcados por la incredulidad y la dureza de corazón. En Hechos 4, Pedro y Juan están proclamando el mensaje del Reino, y cuando los gobernantes ven su osadía y se dan cuenta de que eran gente sin estudio ni preparación, quedaron asombrados y reconocieron que habían estado con Jesús. Esa fue la primera de las asignaciones. Indudablemente, Jesús no era un rabino convencional y veía en ellos mucho más allá de lo que nosotros tenemos la capacidad de detectar. Jesús escoge a doce hombres ordinarios para hacer cosas extraordinarias.

Aplicación

Hay un sentido de prioridad en esta invitación de Jesús. Lo primero para lo cual fueron llamados no fue a hacer algo, sino a estar con alguien. Necesitamos ser antes de hacer; antes de ir, tenemos que quedarnos con Él. Cada discípulo necesitaba deshacerse de muchas cosas que anidaban en su vida y que entorpecerían la misión entregada; necesitaban abandonar mentiras que habían abrazado como verdades, eliminar hábitos de pecado que habían adquirido durante años, erradicar prejuicios y tradiciones que los limitaban, desprenderse de formas manipuladoras y egoístas de lograr sus objetivos. Y, a la vez, precisaban abrazar toda una nueva manera de ver el mundo, de amar a Dios, de creer y de vivir. Nada de esto se puede lograr fuera de la presencia de Jesús. Nuestra inclinación siempre es hacer, pero Jesús quiere que estemos a su lado para que podamos ser modelados a su imagen. Nosotros queremos ser Marta, y Él nos llama, en primer lugar, a ser María: a escoger la mejor parte, a quedarnos a sus pies.

Jesús sabía perfectamente que el proyecto del Reino de Dios para el mundo necesitaba ser liderado de acuerdo con los criterios del Reino de los Cielos. También sabía que debía ser llevado adelante por un equipo de personas totalmente distintas, que necesitaban ser formadas y entender que lo esencial era a quién seguían. Jesús les estaba enseñando mientras caminaban juntos y servía, a lidiar con sus diferencias, sabiendo que gran parte de su progreso se encontraba en ese trabajo conjunto. No se reunieron como resultado de un acuerdo general generado por su compatibilidad. No. Eran sumamente distintos, tan diferentes como sus nombres, sus personalidades y su pasado. Hubiera sido impensado e imposible que ellos solos sostuvieran esta idea de trabajar juntos. La prioridad indiscutible seguía siendo la misma: estar con Él. Eso, definitivamente, marcaba la gran diferencia.

¿Qué lugar ocupa la actividad en la cual servís a Dios y cuánto tiempo le dedicas a Él personalmente? ¿Cuál es tu verdadera prioridad? ¿Tienes errores? ¿Notas crecimiento en tu vida en el último año? ¿En qué medida ese crecimiento tuvo relación con aquellos que siguen a Jesús a tu lado? ¿Alguna vez sentiste que no estabas a la altura del llamado que Dios te hace? ¿De qué forma la vida de los doce apóstoles puede ser de inspiración?

#6 JESÚS, LA TORMENTA Y EL HOMBRE ATORMENTADO
(MARCOS 5:1-20)

"y cuando salió de la barca, enseguida vino a su encuentro, de entre los sepulcros, un hombre con un espíritu inmundo" (Marcos 5:2)

La prioridad de los discípulos era estar al lado de Jesús. Él se quedaba en una ciudad y ellos armaban sus carpas allí; él se trasladaba de región y todos hacían sus bolsos para salir. Uno de los motivos por los cuales Jesús los llamó fue para liberar a los endemoniados, ejerciendo la autoridad que él les daba. Primero se los comunicó, pero antes de que ellos lo hicieran, debían verlo con sus propios ojos, en primera fila, de la manera más pura posible, y así fue. Cruzaron el lago hacia el oriente, llegaron a Gadara en la barca y se fueron con él de la misma manera. Los discípulos estaban pegados a su maestro, observando todo, asombrados y tratando de aprender, a cada paso, lo que en algún momento les tocaría hacer. Esta es una de las intervenciones más impresionantes de Jesús en todo el evangelio; la historia está plagada de detalles reveladores. Marcos es el evangelio de la acción, este pasaje lo confirma, y ellos estaban allí, con Él.

Pasemos al otro lado

Los días eran muy intensos y largos. El agotamiento se acumulaba, y toda la presión estaba sobre Jesús. El tumulto de gente, los adversarios, la oposición espiritual, las situaciones internas de los discípulos... todo pesaba. Cuando caía el día, el Señor les dijo a los doce que pasarían al otro lado del lago. Entre ellos había al menos cuatro pescadores, conocedores del gran lago; no correrían mayores riesgos.

Jesús se duerme: necesita descansar. En pocos minutos, como solía suceder, se desata una tormenta. El viento era violento y hacía que la barca se llenara de agua por los costados. Los discípulos, dominados por sus miedos, despiertan al Señor asustados, a los gritos, de modo poco cordial y recriminándole su aparente desinterés.

Jesús se pone de pie, reprende al viento y le da una orden al mar: "¡Silencio! ¡Calma!". Usa el mismo verbo que se emplea en cada episodio de liberación, y es la misma orden que da al endemoniado de la sinagoga (Marcos 1:25). Es evidente que no se trataba solo de una adversidad climática, sino también de una oposición espiritual.

Es el primer viaje con los discípulos. Jesús hace el milagro, pero ellos tienen serias dificultades: no comprenden, tienen miedo y les falta fe. Finalmente, llegaron al otro lado, tal como Jesús había dicho, a la costa gentil, un territorio prohibido para los judíos. El desafío era atravesar el lago durante la noche, y lo hicieron. Desde que Jesús puso un pie en aquel lugar, pasó de todo.

El diagnóstico

Teniendo en cuenta la distancia recorrida y la demora causada por la tempestad, su llegada a Gadara fue antes del amanecer. Todavía estaba oscuro, y los discípulos no habían dormido en toda la noche. Apenas desembarcaron, escucharon gritos y vieron que una persona desnuda corría hacia ellos a toda velocidad, con una actitud muy violenta. Aún conservaban el asombro por lo sucedido en medio del gran lago, cuando se encontraron con esta situación. Habían salido de la tormenta a salvo, pero en tierra firme —donde supuestamente encontrarían seguridad—, los atacó un hombre atormentado.

El cuadro de esta persona era realmente crítico e impactante. Estaba poseído por un espíritu inmundo; todas las esferas de su vida estaban afectadas y comprometidas por la presencia demoníaca. Vivía aislado en los sepulcros, merodeando por los montes, donde frecuentemente estaban los cementerios. Habitaba entre las tumbas, lastimándose a sí mismo con piedras. Era muy agresivo y su fuerza superaba con creces las posibilidades físicas normales. Marcos menciona dos veces las cadenas y cómo destrozaba todo elemento de restricción que lo sujetaba. La rotura de las cadenas de metal seguramente le causaba heridas, ya que ningún cuerpo humano está preparado para ese tipo de exigencia física. Gritaba todo el día y toda la noche; no tenía calma, no encontraba paz. Imaginemos su rostro, su piel, su mirada. Es una imagen viva de todo lo que el pecado puede llegar a hacer en el ser humano. No podía ser dominado; su estado era casi salvaje. La gente había intentado calmarlo varias veces, y seguramente llevaba mucho tiempo en esa condición.

El encuentro

La reacción de los espíritus delante de Jesús es sorprendente, porque, aunque eran muchos, se postraron y tuvieron miedo. Ahora, los demonios son los atormentados por la presencia de Jesús. Ellos no solo creen, sino que también tiemblan, y lo hacen delante del Mesías. Es el encuentro de la muerte con la vida, y el impacto que produce la santidad en medio de la inmundicia. Esto explica el grado de reacción interna dentro del hombre.

Luego de la tormenta, los discípulos se preguntan: "¿Quién es este?" (4:41). Aunque seguían a Jesús, no terminaban de comprender su identidad. Los demonios no tenían esta dificultad: lo identifican perfectamente y con una altura teológica impecable: "Jesús, Hijo del Dios Altísimo". Es un reconocimiento de su posición, de su estatura, de su autoridad y de su poder.

Al comienzo del encuentro, el demonio habla en singular. Luego, Jesús le pregunta su nombre, y él dice: "Legión". Es evidente que la presencia demoníaca era múltiple, especialmente porque, después de la pregunta de Jesús, todo es en plural. Lo más probable es que esta legión de demonios estuviera tratando de ocultarse hablando a través de un solo interlocutor, seguramente el espíritu de mayor jerarquía. La presencia del Mesías amenazaba el control que ellos tenían sobre la vida del hombre y su acción perturbadora en toda la región.

Pensemos por un momento en la cara, la mirada y el terror interno de los discípulos. En medio de toda esta situación, escuchan algunas cosas que seguramente los desconcertaron más. Los demonios le ruegan a Jesús que no los atormente y que no los eche del lugar. Ellos escuchan cómo los espíritus inmundos le piden permiso a Jesús para entrar en dos mil cerdos, y cómo Jesús los autoriza. Solo imaginemos a los discípulos, que evidentemente no abrieron su boca, por el miedo y por lo insólito de esta escena: por un lado, la condición del hombre era impactante, y por otro, el respeto innegable a la autoridad de Jesús. Estaban solos, en un territorio hostil y frente a frente con autoridades de las tinieblas, que reconocían y se arrodillaban ante su Maestro.

La consecuencia

Cuando los demonios abandonaron al hombre, inmediatamente se dirigieron hacia unos dos mil cerdos que se precipitaron, como una estampida, por uno de los acantilados. En manada, todos murieron ahogados en el lago. La escena debió haber sido descomunal. Evidentemente, Jesús no cruzó el lago para pasar desapercibido, pero el Maestro no hacía nada al azar.

Los cuidadores de los cerdos salieron corriendo del lugar y le contaron a todos lo que habían visto. La gente vino por los cerdos muertos y se encontró con el hombre de los sepulcros libre, sentado, sereno, vestido y en su sano juicio. Ya no estaba fuera de sí.

Lo primero que cruzó el corazón de quienes llegaron al lugar fue miedo. ¿Pero miedo de qué? La sensación es que sintieron más miedo de Jesús que del hombre endemoniado. ¿Pero por qué? Indudablemente, el miedo surgió cuando se dieron cuenta de que el rabí extranjero, que había llegado con su grupo de discípulos, había liberado a alguien a quien ellos no podían dominar.

Los lugareños conocían muy bien la fuerza arrasadora del gadareno, pero el hombre galileo era más poderoso que lo que operaba en el endemoniado. El temor que sentían no provenía de no pertenecer al pueblo de Dios. Si prestamos atención, la pregunta que Jesús les hace a sus discípulos luego de detener la tormenta fue: "¿Por qué tienen miedo?" (Marcos 4:40). Los doce judíos, frente al poder de Dios, tuvieron la misma experiencia de temor.

El miedo de la gente tenía que ver con la persona que sacó al hombre de su condición inhumana y lo restauró completamente. Ya no estaban delante de Legión, sino frente a quien lo había controlado. Y quizá se preguntaban: "¿Ahora quién controla al Galileo?". Tener un Dios incontrolable, que no puede ser dominado ni manipulado por ritos, es algo que atemoriza al ser humano. Por eso la gente prefiere a los ídolos de madera o yeso, que no hablan ni opinan. Jesús es distinto a todos ellos: él controla lo incontrolable, y su poder es superior a cualquier oponente.

La base de la idolatría es poder controlar a Dios: es cambiar al Dios poderoso de la montaña por un becerro de oro; es dejar de adorar al Dios Creador para rendirse ante imágenes hechas por nosotros. ¡Qué gran lección para los doce! Seguían a Dios hecho hombre.

La multitud no quedó satisfecha y comenzó a pedirle a Jesús que se fuera de esa región. Los resultados de la intervención de Jesús sobre el hombre fueron increíbles, pero parece que la masa no quitaba los ojos de los cerdos. Nuestra mirada tiende a ser la misma. Sabemos que lo temporal tiene menor importancia que lo eterno; sabemos que los seres humanos son más importantes que el reino animal, y que lo espiritual es más trascendente que lo material. Pero la realidad es que muchas veces no lo creemos: lo conocemos, pero, a la hora de vivirlo, lo olvidamos. Se debilita.

El poder, el dinero, los placeres y las cosas terrenales pesan mucho en nuestros corazones. Cuando echaron a Jesús del lugar, estaban manifestando lo que preferían. Con sus acciones decían: "¡Los cerdos son más importantes que el Mesías y el ex endemoniado juntos! ¡Fuera!".

Jesús expulsó a los espíritus del hombre, pero la gente expulsó a Jesús de su tierra. Ya había terminado su misión en ese lugar. Se subió a la barca, y el hombre, libre, agradecido, pleno y entendiendo perfectamente lo que pedía, le dijo a Jesús que quería ir con él. Pero Jesús le pidió que se quedara. Parece un final muy desalentador, pero no lo es. Es otro movimiento estratégico del Maestro.

Aplicación

Es un buen momento para preguntarnos: ¿cuál es el cruce que podemos hacer entre esta narración y el discipulado? Son muchas las enseñanzas que deja. Es interesante que el relato es largo, pero los discípulos no emiten una palabra. Habla la gente, los cuidadores de los cerdos, Jesús y los demonios, pero ellos callan. Creo que hay una enseñanza detrás de esto. Cuando Jesús se pone enfrente nuestro y quiere enseñarnos, es el mejor momento para abrir los ojos y los oídos, y cerrar nuestra boca. La gran mayoría de las veces que vemos a los discípulos hablar, son intervenciones fallidas. Con esto no digo que Dios no quiera que participemos en nuestro camino de aprendizaje, sino que hay momentos cruciales en los cuales es estratégico aprender a contemplar.

Si cualquiera de nosotros hubiese estado ahí, seguramente nos hubiésemos quejado por la tormenta; hubiésemos murmurado sobre el desacierto de Jesús al ir a Gadara; quizá hubiésemos opinado que lo mejor era abordar al endemoniado a la fuerza entre los trece, para encadenarlo y evitar riesgos. El silencio suele ser una buena opción cuando se trata de aprender, y mucho más si el mismo Jesús que estaba en la tormenta está en la costa con nosotros.

El hombre liberado por Jesús parece haber entendido todo desde el principio. Lo primero que le pide al Señor es notable: le ruega que lo deje ir con él, quiere acompañarlo. Este fue el primer propósito por el cual Jesús llamó a sus discípulos: para estar con él. Él quería ser uno de sus discípulos. Sinceramente, no creo que en la barca no haya habido lugar para uno más; donde caben trece, pueden ir catorce. Jesús no le dice que se quede, sino que lo envía. Le pide que vaya a los suyos y que anuncie cómo Dios tuvo misericordia de él. Entiendo que, detrás de este aparente rechazo, hay una intención. Lo envía a su familia. Evidentemente, este hombre no vivía con ellos; estaba aislado, fuera de su casa. Podríamos inferir que quizá había situaciones que resolver allí. Los vínculos familiares son lazos muy fuertes, y cuando se quiebran generan enojos, resentimientos y rencor.

Aunque el texto no lo dice explícitamente, la experiencia nos muestra que las actitudes violentas y agresivas de una persona se manifiestan típicamente en aquellos casos que están afectados por esta clase de espíritus. Los sentimientos de enojo se prolongan y comienzan a abrirse paso hasta convertirse en odio y provocar raíces de amargura. Por eso Pablo nos dice que no pequemos guardando enojos en nuestro corazón, ni demos lugar al diablo (Ef. 4:26-27). Este tipo de sentimientos, volcados a relaciones familiares, suele desembocar en el peor de los odios. La libertad que Jesús le dio a este hombre debía manifestarse en su realidad más próxima: entre las personas más cercanas.

Esa consecuencia también es discipulado, porque Jesús no solo llamó a sus discípulos a estar con él, sino a anunciar el mensaje. Es llamativo que los doce aún no lo habían hecho, y que, cuando Jesús hacía milagros en Galilea, le pedía a la gente que no dijera nada. Pero en este caso no es así: la indicación es completamente opuesta. Le dice al gadareno que recorra todas las ciudades predicando abiertamente lo que Jesús había hecho en él. Este era un territorio pagano, no era judío. No tenía sentido que el hombre guardara silencio, porque Jesús no corría mayores peligros.

No se fue con el Maestro, pero su acto de amor quedó en su vida. El testimonio era imparable. Se convirtió en un mensajero, en un evangelista, en un misionero. A Jesús lo rechazaron, pero no podían negar lo que el Señor había hecho en él. El que hacía pocos minutos estaba endemoniado, ahora es el primer comunicador del evangelio. Jesús se fue en esa barca y dejó a un hombre completamente libre, que afectó a diez ciudades (Decápolis) contando simplemente lo que Jesús había hecho.

El Señor no solo cruzó el lago con sus discípulos esa noche para abrirse un espacio estratégico en una zona hostil no judía —ese pudo haber sido el plan global—, pero el corazón del Señor fue movido, como siempre, por su compasión. La gente había intentado controlar al hombre poseído, pero con medios y métodos equivocados: se les ocurrió atarlo con cadenas y grillos, intentaban ayudarlo amarrándolo. Es decir, no solo lo oprimía Satanás, sino que también lo hacía la gente. Aquel que pasó a la historia como "el endemoniado gadareno" era una persona padeciendo todo tipo de sufrimientos, con necesidades, con familia. Y Jesús fue a liberarlo, a sanarlo, fue a devolverle su dignidad y quitarle su opresión y su vergüenza. El discipulado es un acto de amor de Dios hacia nosotros, y una respuesta de amor de nosotros hacia Jesús.

¿Cuál fue la última tormenta por la que pasaste y cómo se reveló Dios a través de ella? ¿Te sentiste extraño alguna vez por la actitud inapropiada e impulsiva con la que le pedías algo a Dios? ¿Qué fue lo que te llevó a hacerlo? ¿Miedo, ansiedad, enojo? ¿Somos conscientes de la persona a la cual seguimos? Jesús sufrió, al final, un rechazo importante de todas las personas de Gadara. ¿Crees que con nosotros será distinto? ¿Sufriste algún rechazo alguna vez por causa del Señor? ¿Qué sintió tu corazón al recibirlo? ¿Qué marcas está dejando tu seguimiento de Jesús en la gente más cercana a tu vida? ¿Qué hizo el Señor en tu vida para que quisieras seguirlo? ¿Cuál es tu testimonio y tu mensaje?

VERSÍCULOS DE APOYO

MATEO 8:23-27 / LUCAS 8:22-25 / MATEO 8:28-34 / LUCAS 8:26-39 / MARCOS 1:21-28 / MARCOS 9:14-29 / MARCOS 6:12-13 / MARCOS 3:20-30.

#7 EXABRUPTO DE UN SEGUIDOR

(MARCOS 8:31-38)

"Si alguien quiere ser mi discípulo, que se niegue a sí mismo, lleve su cruz y me siga" (Marcos 8:34b)

Después de varios meses juntos, los discípulos ya habían tenido la oportunidad de escuchar a Jesús muchas veces, de verlo sanar a las personas y liberarlas de demonios. Estamos frente a un momento de inflexión en su seguimiento: Jesús comienza a ser mucho más claro con respecto a su misión, y su diálogo con ellos cambia. En los próximos versículos aparece constantemente la palabra camino; hay una concentración inédita de este término. El camino es un símbolo muy especial del discipulado: a Jesús se lo sigue en el camino.

De a poco, comienzan a abandonar las barcas de Galilea e inician su viaje a Jerusalén. Los debates con los fariseos desaparecen por un tiempo, y Jesús se dedica más a sus discípulos. Las especulaciones con respecto a la identidad y la misión de su Maestro empiezan a diluirse, y los discípulos comienzan a ver un poco más claro de qué se trata esto de seguirlo.

Un pequeño sondeo de opinión

Jesús se dirige con sus discípulos a Cesarea de Filipo y, en el camino, inicia una charla. Él les preguntó: "¿Quién dice la gente que soy yo?". Las respuestas revelan lo que las personas pensaban sobre Jesús: algunos decían que era Juan el Bautista, que había vuelto a vivir; otros, interpretando promesas del Antiguo Testamento, decían que era Elías; y otros pensaban que era alguno de los profetas.

Jesús inmediatamente lleva la charla a otra escala, a una instancia más comprometida y personal: "Y ustedes, ¿quién dicen que soy yo?". Pedro se adelanta y, por revelación del cielo, representando a todos los demás discípulos, le responde: "Tú eres el Cristo". Es decir, Jesús ya no era solo su maestro, sino que era el Cristo, el Ungido, el Mesías. Mateo agrega que esto no se lo había revelado carne ni sangre; no eran percepciones humanas, sino que el Padre se lo había revelado.

Jesús les ordena que no hablaran con nadie acerca de eso; les pide que guarden este secreto mesiánico. En los tiempos de Jesús, la gente tenía diferentes expectativas con respecto a la llegada de un Mesías. Algunos esperaban que fuera un líder guerrero que se levantara contra el Imperio romano para liberarlos de su opresión; otros creían que sería un rey político que pondría de pie a su nación; y otros pensaban que sería un sacerdote que vendría a purificar el culto de Israel.

Jesús no cabía en ninguna de esas posibilidades. Por eso, el Señor no les permite a sus discípulos que difundan quién es Él. Por otro lado, no quería que los tiempos se adelantaran: había un momento señalado por el Padre para cada parte del plan de salvación.

Exabrupto

Es la primera vez que les anuncia su muerte a los discípulos. Esta vez no usa parábolas; no fue necesario que los llevara aparte para explicarles, ni que ellos le preguntaran qué quería decir con lo que les habló. No era un mensaje encriptado ni confuso: estaba claro cuál era su intención y cuáles serían los próximos pasos de Jesús. No había lugar a dudas.

El anuncio de Jesús los sorprendió. Ellos no podían conjugar su mesianismo con su sufrimiento y su muerte. El Mesías que esperaban no podía morir; debía estar vivo para liderarlos. Además, Jesús estaba en su mejor momento: la gente lo escuchaba, lo buscaba y lo seguía. El Señor, al final del anuncio, les dijo que resucitaría, pero lo primero que escucharon fue tan fuerte y tan desestabilizador en sus corazones que no pudieron captar que, al tercer día, se levantaría de la tumba.

Pedro, en su cabeza, no podía aceptar que Jesús "ingenuamente" caminara hacia su muerte. Para él, era un error. Quizá pensaba que Jesús estaba delirando o viviendo una especie de fantasía mesiánica; en pocas palabras, que necesitaba ayuda para poner los pies sobre la tierra. Posiblemente, reaccionó como la familia de Jesús cuando dijeron que estaba fuera de sí (Marcos 3:21). O tal vez Pedro estaba convencido de que sabía más que Jesús y que, por su capacidad, era adecuado dar algunos buenos consejos y corregir a tiempo a su líder. Su manera de pensar no correspondía a la voluntad del Padre, sino a su propia voluntad.

Él, en total desacuerdo con los planes de Jesús, tenía otros en mente que consideraba mejores. Es posible que tampoco quisiera que su Maestro sufriese de ese modo. Empujado por su pasión e impulsividad, agarró a Jesús del brazo, lo sacó del grupo y lo reprendió. Trató de que abandonara la "locura" que iba a hacer, de negociar un mejor final y de que no se entregara de esa manera. Pedro quería salvar al Salvador.

Luego de escucharlo, ahora es Jesús quien reprende a Pedro. Fue una ida y vuelta, un cruce de reprensiones. Jesús giró para mirar a todos sus discípulos y, literalmente, le pidió a Pedro que volviera detrás de Él. Las palabras en el griego original que pronunció Jesús en este caso son casi idénticas a las que usó cuando lo llamó al comienzo, en la playa del mar de Galilea: "ve detrás de mí".

Podríamos definirlo como el segundo llamado. Pedro es llamado por Jesús "Satanás" porque no estaba ubicado en el lugar que le corresponde a un discípulo: detrás de su Maestro. Es un llamado a reubicarse en el lugar inicial al que Jesús lo había llamado. Por otro lado, estaba recibiendo en sus pensamientos la influencia de planes contrarios al proyecto eterno de Dios. Que lo llame "Satanás" no es menor: el Señor le hablaba a aquello que operaba detrás de las palabras de Pedro. El plan de Jesús no solo no respondía a la lógica de aquel discípulo, sino que se oponía a la voluntad del reino de las tinieblas.

El discipulado comienza a tomar otras profundidades. Ya no era la barca, el milagro de la pesca y la aceptación inmediata del llamado de Jesús. Esta situación entre Pedro y Jesús era una disputa en la que Pedro deja su lugar de discípulo y quiere enseñarle un mejor camino al Maestro. Y no solo eso, sino que lo reprende, lo reta y le pide que cambie de dirección, porque los planes del Padre no concordaban con los suyos.

En el primer llamado, el Señor lo invita a "ir detrás de Él"; en este segundo llamado, le pide que "vuelva detrás de Él". Es un retorno al lugar indicado, porque cuando no se está detrás, se deja de ser discípulo. El discipulado es seguimiento: no se puede seguir a alguien yendo al frente; no se puede ser discípulo de Jesús cuando intentamos dirigirlo.

Implicaciones del discipulado

Hasta este punto, Jesús había expresado sus invitaciones a seguirlo con una sola palabra: "Síganme". Ahora, el nivel de exigencia sube: hay un replanteo de los términos del discipulado, con dos condiciones previas al seguimiento. Si alguno quiere seguirlo, debe negarse a sí mismo, tomar su cruz e ir detrás de Él. Jesús anticipa que el discipulado tiene requerimientos a otra escala de los que los discípulos habían entendido hasta ese momento.

Si hubiéramos vivido en Palestina bajo el Imperio romano y hubiéramos visto por la calle a un hombre cargando el travesaño de una cruz, rodeado de soldados, no hubiese sido necesario preguntar qué estaba sucediendo. Habríamos reconocido de inmediato que se trataba de un criminal camino a su ejecución, ya que los romanos exigían que la persona cargara su cruz hasta el lugar de la crucifixión. Esta es la figura que Jesús eligió para referirse a la autonegación. Si seguimos a Jesús, hay un solo destino al que podríamos estar yendo: la muerte. Dietrich Bonhoeffer, en su libro El costo del discipulado, dice: "Cuando Cristo llama a un hombre, lo invita a morir".

Este concepto choca frontalmente con la idea contemporánea de elevar y fortalecer "el yo". Jesús no nos invita a aferrarnos a la vida para nuestro propio beneficio; esa es la forma de perderla. Él nos invita a morir, entregándonos por completo al servicio y a los propósitos de Dios. Ese es el camino para encontrar la vida real en Cristo. El precio es la autonegación: la vida verdadera, al precio de la muerte.

Necesitamos ser conscientes de que hay un tipo de vida que, en realidad, conduce a la muerte, y que también hay una clase de muerte que conduce a la vida. Si queremos encontrar una vida de verdadera realización, debemos condenar a muerte todo lo malo en nosotros: todo el egoísmo que suele gobernarnos, todo el orgullo que tiende a dominarnos, todo el pecado que quiere arrastrarnos. El peor de los enemigos, el más engañoso, está dentro nuestro. Solo se necesita un espejo: somos nosotros mismos. ¡Necesitamos la cruz para seguir a Jesús!

No estamos hablando de un desprecio de uno mismo, de un descuido total o de abandonar nuestro aspecto, ni de ignorar el propósito que Dios tiene para nosotros. No se trata de eso, sino de entender que, en nuestro fuero más íntimo, hay maldad. Nuestra esencia no es buena, y eso necesita de la cruz. Es imprescindible hacerle la guerra al pecado y combatirlo sin acuerdos ni treguas. Definitivamente, el discípulo deja atrás todo tipo de romanticismo y asume una dimensión mucho más comprometida. Toda esta revelación queda encerrada en las palabras de Pablo en Gálatas 2:20.

Aplicaciones

La pregunta que Jesús les hace a los discípulos sigue vigente para nosotros hoy. La encuesta que Él hizo nos alcanza y demanda una respuesta: ¿Quién es Jesús para mí? Podemos tener respuestas populares acerca de quién es Jesús, o apropiarnos de respuestas generales y bien armadas, pero que en realidad corresponden a otras personas, como nuestros padres, nuestros líderes o nuestros pastores. Ninguna de ellas llega a comprometernos de manera personal. Pero, el discipulado es personal, y quien sigue a Jesús debe conocer quién es Él, porque de su identidad nace su propósito, y si conocemos su propósito, también sabremos cómo seguirlo.

Cuando decidimos seguir a Jesús, tenemos que estar atentos a lo que Él quiere, y no a lo que nosotros pretendemos que Él haga. Nuestros oídos deben estar muy abiertos a todo lo que nos dice, no solo a una parte. También tendremos que vestirnos de coraje para acompañarlo en sus planes para nosotros. Puede ser que alguna vez sus sueños y los nuestros coincidan, pero con seguridad, en muchas ocasiones, nuestros intereses y las intenciones de Dios para nosotros irán por caminos distintos. Un verdadero discípulo tiene que estar preparado para que los propósitos de Dios tengan un lugar preferencial en su vida, y debe cultivar un corazón lo suficientemente blando como para decirle sí a los planes eternos de Dios. No podemos ir al frente; debemos volver siempre a tomar nuestro lugar. No es Él quien camina detrás: somos nosotros quienes le seguimos a Él.

Seguir a Jesús no nos va a costar algunas cosas: nos va a costar todo. No se trata de pequeñas mejoras para que todo siga en función nuestra, sino de la disposición concreta de poner a Dios en el centro de nuestra vida, habiéndonos corrido nosotros de ese lugar. No nos corresponde bajar los estándares de Dios. Es comprensible que, cuando hablamos de morir a nosotros mismos, de negarnos y de tomar la cruz, nos confronte e incluso nos parezca demasiado o incómodo. No es atractivo ni popular. Pero no hay forma de obviarlo: la cruz es el mensaje. Discipulado es cruz.

¿Quién es Jesús para ti? ¿Qué significa la respuesta de los discípulos que identifica a Jesús como el Cristo? ¿Alguna vez sentiste que estabas reprendiendo a Jesús mientras le pedías que cumpliera tus planes? ¿Alguna vez Él te reprendió y te reposicionó en tu lugar? ¿De qué manera práctica podríamos llevar a nuestras vidas las frases "negarnos a nosotros mismos" y "tomar nuestra cruz"? ¿Qué maneras equivocadas existen de entender estas frases?

VERSÍCULOS DE APOYO
LUCAS 4:14-21 / MATEO 16:21-28 /
LUCAS 9:22-27 / GÁLATAS 2:20 /
ROMANOS 8:13

#8 DISCIPULADO VIRTUAL
(MARCOS 10:17-22)

"Una cosa te falta: anda, vende todo lo que tienes y dáselo a los pobres, y tendrás tesoro en el cielo. Luego ven y sígueme".
(Marcos 10:21)

En los años 2020 y 2021 vivimos, a nivel mundial, la pandemia por COVID-19, que nos llevó a recluirnos en nuestros hogares durante meses, exigiéndonos entrar, casi sin escalas, en el mundo virtual. Para muchos era algo conocido, pero para otros era algo ajeno, y tuvieron que explorarlo y acostumbrarse forzadamente, por necesidad. Fue así como, en pocos meses, un lugar reservado para pocos se convirtió en un espacio común y transitado por personas de todas las edades, con un caudal de vida social inmenso.

Cualquiera de nosotros, hoy, desbloquea el celular más de ciento cincuenta veces al día —una vez cada seis minutos—. Todo este mundo virtual imperante es impulsado especialmente por los dueños de las compañías de tecnología y de redes sociales, que estudian permanentemente el comportamiento humano para persuadirnos y lograr que estemos el mayor tiempo posible frente a sus pantallas, con el fin de ganar dinero mediante sus anunciantes.

El primer presidente de Facebook reconoció hace un tiempo lo que hacían: dijo que él y Mark Zuckerberg eran absolutamente conscientes, al desarrollar su plataforma, de que estaban explotando vulnerabilidades de la mente para maximizar el efecto adictivo. El fundador de Netflix declaró que su mayor enemigo es el sueño, y que su meta es que quienes consumen su producto duerman menos para pasar más tiempo mirando series. Y lo está consiguiendo, pese a que esto perjudique nuestra salud. Estamos cautivos, empantanados, sin poder ni querer salir de este sistema.

Con sus luces y sombras, tenemos que reconocer que, luego de la pandemia, nuestras vidas son más virtuales que antes. Uno de los mayores riesgos que encuentro en toda esta nueva realidad es que nos confunda y traslademos esta manera de vivir a nuestra vida de discipulado, y pretendamos tener un seguimiento virtual. Hay una gran diferencia entre un seguimiento virtual y uno real.

Un seguimiento genuino

Jesús iba a Jerusalén. Ya había abandonado Galilea y caminaba sus últimos días. En algún punto de ese viaje se produce este encuentro con un hombre movido por una inquietud existencial, y tienen esta conversación. Al parecer, admiraba a Jesús y se acercó a Él con las credenciales que lo habilitaban; ellas decían que, desde muy joven, cumplía con todos los mandamientos necesarios para tener una buena vida. Lo más llamativo es la forma en la que esta persona se aproximó a Jesús: fue corriendo y se hincó de rodillas delante del Señor y le dijo: "Maestro bueno ¿qué debo hacer para heredar la vida eterna?".

La pregunta era muy seria, pero Jesús no se queda con la pregunta, sino con cómo lo llama: "Maestro bueno". Jesús le consulta: "¿Por qué me llamas así?"

Jesús no está diciendo que Él no es Dios. Tampoco está negando o dudando de su bondad, porque Dios es bueno y Él es Dios. Ni siquiera busca levantar un postulado dogmático declarando uno de sus atributos. Lo que estaba haciendo Jesús era medir si esta persona estaba siendo sincera: si lo llamaba "Maestro bueno" solo para halagarlo, congraciarse y conseguir algo a cambio, o si realmente era honesto en lo que decía.

En otras palabras, Jesús está verificando si lo que dice es real o virtual. Lo virtual es aquello que es solo aparente, pero no genuino. Se parece a lo real, pero no lo es; es algo artificial. Guardar las apariencias no es algo nuevo. Jesús vio y combatió este aspecto en los fariseos, a quienes les importaba muchísimo la apariencia, lo externo, la exhibición de su supuesto amor a Dios. Sin embargo, el mismo Jesús, que conocía sus corazones llenos de vanidad, los confrontó y les dijo que de labios honraban a Dios, pero que su corazón estaba lejos de Él.

Hoy, las fotos y los videos son el lenguaje principal en las redes. Le damos una importancia absurda y desproporcionada al aspecto estético y físico por sobre todas las demás dimensiones de la persona frente a los ojos de los demás. No nos animamos a publicar imágenes sin editar, sin filtros, porque la apariencia es demasiado importante. No digo con esto que no te cuides o que no te emprolijes, porque lo externo también es una señal de lo que uno vive en su interior. Lo que hemos hecho es correr, de a poco, lo estético hacia el centro, y con esto, la apariencia pasó a un primer lugar. Lo demás puede desaparecer, pero hoy es más importante parecer.

Cuando Dios manda a Samuel a ungir a David como el próximo rey de Israel, lo envía sin el detalle de saber quién era específicamente el futuro rey. La indicación era solo que estaba en la casa de Isaí. Este profeta va y yerra una y otra y otra vez en la identificación del que sería ungido. ¿No podría haberle dicho Dios directamente quién era, para evitar todas estas idas y vueltas? ¿Para qué esta serie de desaciertos en algo tan importante? Creo que esta situación reservaba algo que tiene perfecta consonancia con lo que venimos hablando. Dios le dice al profeta: "No te dejes impresionar por su apariencia ni por su estatura, pues yo lo he rechazado. La gente se fija en las apariencias, pero yo me fijo en el corazón" (1 Samuel 16:7).

En un mundo que aparenta todo el tiempo, estamos llamados a no parecer discípulos, sino a serlo; a ser seguidores auténticos, genuinos. No tiene sentido serlo de otra forma, porque el Dios que nos llamó conoce nuestro corazón.

Un seguimiento comprometido

La conversación sigue. Jesús es muy hábil, y este hombre no se esperaba tantos giros en la charla. Jesús comienza a nombrarle los famosos diez mandamientos que Dios le dio a Moisés. Lo llamativo es que no los menciona todos, sino que empieza por la mitad y nombra los últimos, los que muchos llaman los mandamientos de "la segunda tabla". La primera mitad del decálogo que Dios dejó a su pueblo corresponde a nuestra relación con Él, pero la segunda mitad se refiere a las relaciones interpersonales.

En esta era virtual estamos híperconectados, pero desconectados a la vez. Compartimos un mismo espacio físico, pero estamos alejados. El uso indiscriminado y poco cuidadoso de la tecnología nos ha hecho perder de vista los vínculos más esenciales. Cambiamos a nuestros hijos por una pantalla, a nuestra esposa por una serie, a nuestros amigos por un juego, a una buena charla con nuestros padres por responder una historia, al amor fraternal de nuestros hermanos en la fe por unos minutos de streaming, y nuestra comunión con Dios por cualquier tipo de pasatiempo tecnológico. La tablet digital nos está quitando la segunda tabla de Moisés que Dios mismo escribió.

Esta falta de compromiso con el otro nos aísla y nos encierra cada vez más en un individualismo destructivo y voraz, sostenido por un sistema de valores opuesto a la cultura del Reino de los Cielos, y que no tiene nada que ver con el discipulado que Jesús propuso. Estamos llamados, desde el comienzo, a amarnos y a vivir el discipulado unos con otros. No somos nosotros contra el mundo: somos el cuerpo de Cristo, somos la familia de la fe, somos una creación de Dios para vivir como comunidad de amor sincero y desinteresado, no como individuos sueltos y autosuficientes que buscan a Dios solo para su propio beneficio. El discipulado que Jesús propone está muy lejos de lo que la sociedad contemporánea vive. Es necesario que nos conectemos de verdad, comprometidos con el otro en su dolor, en su adversidad, y también en su alegría y en sus logros.

La falta de compromiso con el otro nos sitúa en un plano egoísta. En la mitología griega, Narciso era un joven apuesto que, al percibir su reflejo en el agua de una laguna, se enamoró tanto de su propia imagen que terminó cayendo al agua y ahogándose. Si nos dejamos llevar por la tendencia actual, podemos llegar a este extremo. El corazón narcisista tiene tres grandes rasgos: un sentido exagerado de egocentrismo, una preocupación extrema por sí mismo y una gran falta de empatía por los demás.

Hoy estamos viviendo en la generación *selfie,* preocupada solo por sí misma. Muchos son capaces de arriesgar su vida por sacarse una foto personal; las cámaras frontales de los celulares son cada vez de mejor calidad, y la imagen más buscada en una videoconferencia es la propia, no la grupal. Lo que digo hoy seguramente sonará anacrónico dentro de unos años, por el avance de la ciencia. Pero es la primera vez en la historia que podemos estar conectados con otros por medio de una pantalla y, aun así, no podemos dejar de vernos a nosotros mismos en ella. Dios no nos entregó solo una tabla, nos entregó dos. Y aunque guardan un sentido de prioridad, ambas tablas son importantes para quien quiera seguir a Cristo comprometidamente.

Seguir a Jesús no es apto para individualistas ni para egoístas. El seguimiento real de Jesús es un compromiso con Él y con los demás. El verdadero discípulo comprende que al mandamiento de amar a Dios con todo lo que uno es, le sigue, indefectiblemente, el de amar al prójimo como a uno mismo. Jesús mismo es el ejemplo de compasión. El texto dice que "mirándolo, lo amó". Lo miró. Se detuvo. Él iba camino a Jerusalén a morir, pero le da una oportunidad a este hombre; no lo rechaza, aun percibiendo lo que había en su interior. Es el único lugar, en todo este evangelio, que dice que Jesús ama a una persona. Es el único lugar en Marcos en el que una persona es el objeto explícito del amor de Jesús.

Seguimiento entregado

Es extraño que Jesús hable de "fraude", porque no figura así en los Diez Mandamientos originales. Podría tratarse de una referencia a algo similar o ser una interpretación surgida en el proceso de traducción. Lo más seguro es que el fraude haya sido, justamente, el mecanismo que este hombre había utilizado para conseguir su riqueza. Jesús es preciso: le habla directamente a su situación. A un fraudulento no le importa el otro, ni la familia ajena, ni la justicia; solo le importa su propia persona y sus intereses, a cualquier precio.

Este hombre busca impresionar a Jesús. Jesús lo mira y le dice con amor: "Una sola cosa te falta". El discipulado se trata de entrega. Él vino a Jesús para adquirir, para seguir heredando, para acumular y poseer; pero Jesús le dice lo contrario: vas a tener que dar. Las riquezas y la ambición habían logrado un lugar insuperable en la vida de este hombre, y Jesús le dice rotundamente que tenía que entregar todo y dárselo a los pobres. Él no lo puede asimilar. ¡Jesús da en el blanco!

No hay forma de seguir a Jesús plenamente si no hay una disposición a una entrega del mismo grado de totalidad. Hay cosas que nos costarán más y otras menos; hay elementos de nuestra vida que pesan más que otros, pero todos deben quedar rendidos. Y hay que admitir que el dinero y los bienes materiales siempre figuran en los escalones más altos cuando hablamos de entrega. Puede sucedernos lo mismo que a este hombre: todas las demás cosas funcionaban perfectamente, pero Dios quiere una entrega absoluta. No admite competencias en la cima de tu vida. Jesús no se maneja por compensaciones: Él no quiere que le entregues muchas cosas a buen nivel para que te puedas quedar con otras. El discipulado es entrega total.

Aplicación

En nuestros días, en el fondo, los riesgos son los mismos que en el pasado. El hombre sigue luchando con el individualismo, el egoísmo y las apariencias. Son todos grandes gigantes agazapados detrás de las tendencias y de la cultura global. Quizá alguno de ellos tenga más preponderancia que en otros tiempos, o haya cambiado su modalidad, pero debemos coincidir en que todos son grandes opositores cuando queremos vivir un discipulado real.

Es una realidad que el Señor no le pide, en líneas específicas, lo mismo a todos. Lo que Jesús le exige a este hombre fue un pedido particular, porque eso era precisamente lo que afectaba su corazón e impedía que lo siguiera. El discípulo real (no el artificial) debe estar dispuesto a darlo todo, porque el discipulado se trata de morir: sin cruz no hay seguimiento. Jesús estaba yendo a la cruz a entregar su vida.

Cuando Jesús le dijo que dejara sus riquezas, no estaba hablando alegóricamente, tampoco es un ejemplo al pasar. Esto pone de relieve un problema del ser humano de todos los tiempos: la confianza en las riquezas, la ambición por poseer y el deseo de tener y tener cada vez más. El amor por las riquezas sigue siendo la raíz de todos los males. Hay un principio detrás: "Ningún siervo puede servir a dos señores; porque o aborrecerá al uno y amará al otro, o estimará al uno y menospreciará al otro. No podéis servir a Dios y a las riquezas" (Lucas. 16:13). Existe una contradicción cuando queremos servir a ambos señores. Jesús nos pide exclusividad.

¡Qué contraste hay entre el momento en el que este hombre llega corriendo y emocionado, y el instante final en el que decide no seguirlo y se aleja despacio y triste! Jesús no es un influencer vanidoso, con serios problemas de autoestima, desesperado por conseguir seguidores, ofreciéndonos contenidos vacíos para captarnos y tenernos fascinados. Él nos ama con amor eterno, como amó a ese hombre, pero cuando habla de discipulado no baja sus requisitos de admisión. El seguimiento de Jesús debe ser completo o no lo es, sin ninguna reserva.

¿Qué es aquello que interfiere en tu interior cuando Jesús te pide que lo sigas? ¿Qué te está pidiendo Jesús específicamente? ¿Por qué tu entrega es parcial y no total? ¿Qué tan enredados estamos en la cultura del individualismo? ¿Hasta qué punto llega nuestro amor por nosotros mismos, nuestra devoción propia? ¿Es nuestro discipulado real o es una creación artificial según nuestros propios deseos? ¿Qué lugar ocupan el dinero y las ambiciones materiales en nuestra vida? ¿Honramos a Dios con nuestros bienes como Él nos pide, o ponemos muchos "argumentos bíblicos" para no hacerlo? ¿Nuestra vida se distingue por la generosidad, por la sencillez y el contentamiento?

PARTE 3

LUCAS, EL DISCIPULADO EN EL EVANGELIO DE UN HISTORIADOR

Aunque Dios es el autor e inspirador final de cada evangelio, cada uno refleja el estilo, las vivencias y el enfoque personal de quien lo escribió. Aun así, todos, sin excepción, necesitaron la guía y la inspiración especial del Espíritu Santo. Cada evangelio es valioso porque muestra una faceta única del Señor y juntos nos ayudan a tener una imagen más completa de quién es Jesús.

Pensemos en esto: si quisiéramos describir a alguien que nunca vimos, podríamos usar una foto de frente. No estaría mal, nos daría una idea general. Pero sería mucho mejor si tuviéramos cuatro fotos, cada una tomada desde un ángulo distinto. Eso nos permitiría conocer mejor a la persona. Así funcionan los cuatro evangelios: cada uno aporta una perspectiva diferente del mismo Jesús.

Entonces, ¿cuántos evangelios hay? La respuesta rápida es cuatro. Pero, en realidad, hay uno solo: un mismo mensaje contado desde cuatro puntos de vista. Por eso hablamos del evangelio según Mateo, según Marcos, según Lucas y según Juan. No son cuatro mensajes distintos, sino un mismo mensaje sobre un solo Salvador. Esto es clave para el discipulado: necesitamos conocer bien a Jesús para poder seguirlo. Cada parte de su vida, su obra y sus enseñanzas son esenciales.

Lucas comienza su evangelio con una introducción de solo cuatro versículos, pero ahí ya nos muestra algo importante: fue quien investigó con más profundidad, entrevistando testigos y revisando documentos para dejarnos un relato bien trabajado, digno de un historiador. Su investigación fue completa, cuidadosa y ordenada (Lucas 1:3). Lucas es preciso, detallista, muy atento a los datos, los lugares y los nombres. Su evangelio es el más equilibrado entre relato, acción e información. Además, su cercanía con Pablo le da una autoridad apostólica que también se refleja en el libro de los Hechos.

A lo largo del evangelio de Lucas, vemos un interés constante en el Espíritu Santo, lo cual crea un fuerte vínculo con el libro de los Hechos. También resalta la vida de oración de Jesús: lo muestra orando con frecuencia, incluso toda la noche, y en algunos casos nos deja ver el contenido de sus oraciones.

Otro detalle muy característico de este evangelio es su atención a los grupos marginados en tiempos de Jesús: mujeres, gentiles y personas rechazadas por la sociedad. Lucas no los ignora, al contrario, los pone en primer plano. El mensaje del Reino de Dios es para todos, y el llamado a ser discípulo también incluye a un publicano. No es casual que parábolas como la del buen samaritano, la del hijo pródigo, o la del juez injusto y la viuda estén solo en Lucas. Él eligió ese contenido con intención, para mostrarnos que el evangelio no es exclusivo, y que el discipulado es para todo el que quiera tomar su cruz y seguir a Jesús, sin importar su origen, cultura o condición social.

Lucas también es el que más insiste en las exigencias del discipulado. Según este evangelio, seguir a Jesús implica tomar la cruz, estar dispuesto a dejarlo todo, incluso a la familia, y si es necesario, vender lo que uno tiene y dárselo a los pobres. Mateo menciona algunas de estas cosas, pero Lucas las presenta con una fuerza particular. Para él, ser discípulo no es una decisión ligera o superficial. Es entregarse por completo, compartir los sufrimientos de Jesús, negarse a uno mismo y aceptar todo lo que eso implique.

#9 LEVÍ, EL DISCÍPULO INESPERADO
(LUCAS 5:27-32)

"… Jesús salió y se fijó en un recaudador de impuestos llamado Leví, sentado en la oficina de los tributos, y le dijo: Sígueme" (Lucas 5:27)

Los publicanos estaban lejos de ser las personas más aceptadas o valoradas por los judíos en tiempos de Jesús. En esa época, el Imperio subcontrataba el cobro de ciertos impuestos hasta una cifra establecida, y lo que se cobraba por encima de esa cantidad quedaba para el recaudador. Los principales puestos de recaudación estaban en Cesarea, Jericó y Capernaúm. La comunicación era muy limitada y los registros bastante frágiles: nadie sabía con certeza cuánto debía pagar, y las rendiciones de cuentas eran bastante desprolijas. Todo eso abría la puerta a conexiones turbias y muchas estafas. Los publicanos tenían fama de extorsionadores, metidos en un sistema corrupto que servía a los intereses de Roma.

Los judíos los detestaban. Sentían que se habían metido en el trabajo más indigno y en una tarea completamente inaceptable. Su reputación era pésima: los veían como traidores e infieles a su propio pueblo. El estigma que llevaban encima era muy fuerte, y el desprecio que sufrían de parte de sus compatriotas era abiertamente hostil.

La tradición de los rabinos colocaba a los recaudadores de impuestos al mismo nivel que asesinos, delincuentes y ladrones. No podían entrar a la sinagoga, no se aceptaban sus ofrendas porque se creía que su dinero estaba contaminado, y quien se relacionaba con ellos quedaba impuro. En el lenguaje popular se creó una categoría especial para referirse a ellos: "publicanos y pecadores". A veces, también se sumaban a esa lista las prostitutas. Estos recaudadores eran judíos que, a ojos de los demás, se habían vendido al sistema imperial, traicionando su identidad, su fe y a su gente.

Y, a Jesús se le ocurre la brillante idea de llamar a uno de ellos. Él es un nuevo rabí que toma decisiones incómodas, que rompe esquemas y derriba prejuicios que era necesario dejar atrás para que su mensaje fuera entendido. Sus acciones anuncian que el evangelio y el Reino de Dios son para todos, y que muchas veces los que menos esperábamos terminan abrazándolo, mientras que quienes parecían más preparados, lo rechazan.

Lo dejó todo

Mateo convivía entre la aceptación interesada y el rechazo indignado. Por un lado, Roma le brindaba todo lo necesario para que pudiera generarles ingresos. Leví tenía su oficina, sus comodidades, su espacio de poder y su posibilidad de obtener réditos financieros. Pero, por otro lado, padecía la mirada fulminante de la gente que lo conocía, la vergüenza inquietante de su familia y la desaprobación de quienes pertenecían al clero judío.

Jesús fue a buscar a Mateo a su lugar de trabajo, mientras este cobraba en un sitio público[1]. Mateo responde y lo sigue; su obediencia es inmediata. Su aceptación de Jesús fue total y absoluta, al mismo grado que su distanciamiento de la ocupación que le había generado tanto desprecio. Es muy curioso que Jesús llama a un pecador público; hay fuentes que los describen como deshonestos por naturaleza. Jesús tiene un atrevimiento intencional: Él siempre sabe lo que está haciendo, sabe quiénes lo miran, pero su motivación está más allá de las opiniones sesgadas. Él les está enseñando algo más a sus seguidores.

Seguramente Mateo había escuchado más de una vez a Jesús y, de alguna manera, había sido cautivado por Él; pero necesitamos reconocer que la voz del Señor y su llamado fueron irresistibles. La misma voz que creó los cielos y la tierra estaba llamando a un publicano. Sin embargo, esto no deja de lado su coraje y la osadía que tuvo al dejarlo todo. La irrupción del Señor en su vida requería movimiento, desplazamiento; no podía seguirlo quedándose en su escritorio. Su decisión tenía implicaciones de abandono. La clave del llamado no es lo que vamos a obtener, sino lo que tenemos que dejar; no son nuestras seguridades futuras las que nos cautivan, sino nuestra dependencia y confianza en aquel que nos está llamando. Para esto se necesita fe. Abraham, el padre de la fe, también fue llamado por Dios, y no conocía exactamente el lugar a donde iba. Solo tenía una promesa y sabía que debía dejar su tierra y su parentela.

Los niveles de entrega no son iguales en todos. Pedro y su hermano dejaron las redes, pero Jacobo y Juan dejaron su emprendimiento y también a su padre. El llamado implica una separación, un alejamiento, una renuncia

---

[1] De ahí el nombre de publicano.

a algo o a alguien. En este caso, Mateo dejó su confort, su estabilidad económica, su círculo de protección y su seguridad. Los cuatro pescadores que siguieron a Jesús podían volver a sus oficios; de hecho, lo hicieron luego de que Jesús murió. Pero lo de Mateo era completamente distinto: abandonar su lugar de recaudador significaba que no podría volver nunca más. No era un negocio familiar, ni eran amigos quienes lo volverían a recibir; eran romanos escrupulosos y "ventajeros" que no tendrían misericordia de él si regresaba. Mateo dejó su trabajo, seguramente bajo las críticas y la incomprensión de quien lo contrató, y se sumó a un grupo de discípulos judíos a quienes, sin dudas, les costó aceptarlo. ¡Qué riesgo! ¡Qué valor! ¡Qué fe!

El escándalo de la gracia

Los publicanos eran personas solitarias y desconfiadas. Estaban rodeados de dinero, registros administrativos, elementos de consumo y comerciantes, pero no tenían amigos cercanos, solo colegas de su misma clase y con la misma mentalidad. Por eso, cuando Jesús pasa por Jericó y ve a un jefe de publicanos colgado de un árbol, le pide que baje para ir a su casa, porque el milagro más grande que podía recibir ese hombre era la aceptación de los demás. Nuevamente, el Señor comprende la necesidad primaria y la suple. Mateo vivía algo similar: por su actividad estaba obligado a convivir con romanos, para los cuales solo era un judío que les era útil, pero que nunca sería parte de ellos; por otro lado, sus compatriotas lo odiaban por su deslealtad y tampoco lo aceptaban. Vivía rodeado de gente, pero en soledad, en una frontera pequeña entre dos mundos que lo excluían. Él no tenía problemas económicos ni de salud; su sufrimiento estaba escondido en su alma, y las armas que más lo lastimaban eran la indiferencia y el rechazo. Pero Jesús lo mira con ojos llenos de compasión y lo llama. Eso se llama gracia.

Pensemos un poco en la escena e imaginemos. Acercarse y dialogar con publicanos ya era territorio prohibido, pero cuando escuchan que el Maestro llama a uno de ellos para formar parte de su círculo íntimo, con seguridad todos los fariseos se rasgaron las vestiduras. Pero eso no fue todo: Jesús es invitado a una cena en la casa de este recaudador impuro, y, para sorpresa de todos, acepta. Seguro que uno de los fariseos gritó algo como: "¡Santos escribas de la ley! ¿Cómo puede ser que se anime a tanto?". Pero todavía no terminaba: lo último que supieron fue el colmo. Jesús no fue solo a esa casa; llevó a sus discípulos, y, para completar el cuadro, Mateo tampoco estaba solo: había invitado a muchos otros recaudadores. Era demasiado para un solo día. Encima, todo fue en la casa del "impuro"; si al menos hubiese sido en lo de Pedro lo consideraríamos, pero no, fue bajo su techo. ¿Qué conversarían? ¿Qué comerían? ¿Se habrán lavado las manos correctamente? Seguro que todo fue fuera de las tradiciones. ¡Es un escándalo!

A Jesús parece no molestarle el título despectivo que le pusieron: "amigo de publicanos y pecadores". Él se sentaba a la mesa con ellos sin temor, sin preocuparse por las opiniones externas. La mesa, para un judío, era algo muy significativo: nunca la compartían con alguien con quien no tuvieran una alianza de amistad e intimidad. Cuando Jesús, el Dios encarnado, se sienta a la mesa con publicanos, prostitutas y pecadores, les está diciendo una sola cosa: "Estoy dispuesto a ser tu amigo". Porque para Él, el discipulado es amistad, es cercanía, es alegría, es compartir. Las murmuraciones no mueven la aguja de Jesús; no le preocupan los auditores espirituales que se arrogan el derecho de definir quién puede y quién no puede acercarse al Mesías. Jesús sabe que la naturaleza de la gracia es escandalosa y no podrá ser digerida por todos.

Una cualidad que caracterizó a Jesús es que no vio a las personas por lo que eran, sino por lo que podrían llegar a ser. Hace unos 500 años, el escultor Donatello pidió que se le trajeran un bloque de mármol para trabajarlo, la idea era hacer la figura de un profeta bíblico. Un grupo de obreros llevó el bloque de mármol hasta Florencia, Italia; pero cuando Donatello lo inspeccionó, lo encontró imperfecto y lo rechazó. Poco tiempo después, otro escultor vio el bloque y tuvo una idea de lo que podría llegar a hacer. Trabajó sobre él por dos años. Al final del proceso, lo cubrió con un lienzo y el 25 de enero de 1504 se hizo una convocatoria exclusiva para develar aquello que había sido tallado por este. Allí estaban los escultores Botticelli, Perugino y Leonardo da Vinci. Cuando el lienzo fue quitado, apareció la famosa estatua de David, esculpida por Miguel Ángel. Del mismo bloque que Donatello rechazó, Miguel Ángel sacó la figura de David, que ya lleva quinientos años de fama.

¿A cuántas personas que nosotros rechazamos en nuestra mente, Jesús las tomó en sus manos, trabajó en ellas y las hizo un testimonio viviente de su obra? Eso no suele formar parte de nuestra visión. Nosotros juzgamos a los demás por lo que son en el momento en que los encontramos. Tenemos una incapacidad que proviene de nuestros preconceptos. Necesitamos aprender a ver más allá de lo que la persona es en la actualidad. Pero Dios ve su potencial, es capaz de ver lo que sucederá luego de que acepte estar en sus manos.

Jesús reclutó a los menos aptos, a quienes no daban la talla, a los menos preparados, a los menos esperados, a quienes no brillaban por su reputación ni deslumbraban por su elocuencia. En fin, Él llamó a quienes ninguno de nosotros convocaría, porque ve el potencial y el producto terminado. Los fariseos veían a un pecador; Jesús, a un hombre perdonado. Los fariseos veían a un publicano; Jesús, a un discípulo. Los fariseos veían a un judío que trabajaba para Roma; Jesús, al escritor de un evangelio. Los fariseos veían a un traidor; Jesús, a un apóstol. Todos tenemos la capacidad de ver, y podemos hacerlo según la mirada del Señor y bajo la luz de su gracia.

La santa ironía

El llamado de Mateo levantó sospechas y generó cuestionamientos. La actitud de Jesús hizo mucho ruido, y las murmuraciones no tardaron en llegar. Llamativamente, el blanco de las murmuraciones no era Jesús, sino sus discípulos. A ellos les reclamaban que estuvieran, comieran y bebieran con esa gente (v. 30). Un discípulo no pasa desapercibido: es parte y está comprometido con la decisión de su maestro. Como discípulos, tenemos que tener claridad y el mismo sentir que tuvo el Señor. Recibiremos recriminaciones porque también estamos sentados a la mesa con Mateo. Necesitamos conocer dónde se posiciona el corazón de Jesús ante estas reacciones. Saber que, si tomamos la gracia en serio para vivir el discipulado y compartir al Maestro con otros, las críticas vendrán. La gracia, por su naturaleza, despertará confrontación; siempre fue así. Porque la gracia es disruptiva para la gente religiosamente acomodada, incomprensible para los corazones condenadores y resistida por quienes se paran en su propia justicia.

En medio de las voces bajas y el cuchicheo fustigador, Jesús lanza dos frases suspicaces e irónicas. La primera es: "Los que están sanos no tienen necesidad de médico, sino los enfermos"; y luego: "No he venido a llamar a justos, sino a pecadores al arrepentimiento". ¡Son frases magistrales! Ambas daban en el centro del pensamiento de los maestros de la ley, pero lo dijo también delante de sus discípulos. Es decir, en menor o mayor medida, era para todos. La tendencia humana siempre es descalificar a los demás desde nuestra espiritualidad encumbrada, que reclama permisos especiales para decidir sobre la posibilidad de salvación y seguimiento de los demás. No es así para Jesús.

El leve sarcasmo del Señor es mordaz y maravilloso. En realidad, está diciendo lo contrario de lo que afirman las frases. ¿Quiénes son los sanos?

¿Quiénes son los justos? Si los fariseos ven solo pecadores en los demás, en realidad no son tan justos, y muy sanos no están. Jesús está afirmando algo diciendo lo opuesto: ese es el juego de la ironía. Les dice a quienes se creen sanos que, en realidad, necesitan un médico, y a quienes se consideran justos que, en realidad, necesitan arrepentirse. El discípulo nunca debería olvidar la misericordia que Dios tuvo con él al tomarlo como seguidor. Eso le permite mirar a los demás con la misma gracia con la que fue hallado.

El discipulado no es un ofrecimiento cerrado solo para unos pocos dotados que conocen los intrincados detalles de las tradiciones religiosas y las burocracias eclesiales. Es una invitación a todo aquel que sea capaz de considerarse a sí mismo como un necesitado y como un pecador. No hay personas que son pecadoras y otras que no lo son; todos fuimos destituidos de la gloria de Dios. Sin esta conciencia de necesidad, será muy fácil creernos superiores a los demás, cerraremos la puerta a nuestro seguimiento y nos otorgaremos el derecho injusto de determinar con quiénes se puede sentar el Señor.

Todos somos propensos a clasificar y luego a etiquetar directamente a las personas. Jesús no lo hace. Así como los recaudadores de impuestos y pecadores no eran tan impíos como los consideraban los fariseos, estos no eran tan justos y puros como ellos se creían. Jesús no cae en estas categorizaciones ligeras; él busca corazones dispuestos. Y en este caso, los que parecían ser más favorecidos resultaron rechazados, y quienes no tenían ninguna chance aparente resultaron ser aceptados. El problema no era exterior, sino interno. Nuestras percepciones no siempre son las de Jesús, especialmente cuando las personas se acercan a él y dan sus primeros pasos como discípulos. Podemos llegar a ser severos y muy prejuiciosos, sin entender que, posiblemente, quienes están en el catálogo de los indeseables y quienes figuran entre los marginados pueden ser llamados por Jesús para convertirse en discípulos ejemplares.

Aplicación

Todos tenemos procedencias; todos venimos de algún lugar, de algún sitio del cual Dios nos rescató. Algunos lugares parecerán más nobles que otros, unos serán menos complejos que los demás, pero el Señor nos llamó a todos desde algún punto en el cual estábamos. Puede ser que seas de las personas menos pensadas, de aquellos que parecen no compatibilizar con el estereotipo de lo que debería ser un discípulo, que al comienzo no encajemos en el molde. Eso no le preocupa a Jesús; eso solo inquieta a quienes preconfiguran perfiles de discípulos apropiados.

La realidad es que todos somos necesitados y llegamos rotos, llenos de vergüenza, con nuestro nombre manchado, cargados de pecados visibles y ocultos. Es cierto que no siempre la gravedad es la misma, pero justamente aquellos que están más quebrados en su corazón también están más predispuestos a recibir la gracia; y quienes parecen estar más enteros, muchas veces se les dificulta aceptar el amor de Dios fuera de sus méritos personales.

Mateo, sin dudas, era de las personas menos pensadas para formar parte de los seguidores de Jesús. A menudo, los discípulos que se suman a nuestro lado para seguir al Señor tienen la misma condición. El discipulado es algo personal, pero a Jesús se lo sigue con otros que han sido amados por Dios tanto como nosotros, y han sido perdonados por aquel que también nos perdonó. Dios desafía nuestros prejuicios, esos a través de los cuales miramos a quienes vienen a los pies de nuestro Maestro. El evangelio y el llamado a seguirlo es para todos.

El discipulado se trata de amistad y de comunión. No es un seguimiento distante que se reduce al acatamiento de órdenes; esa no es la relación que vemos entre Jesús y sus discípulos. Seguirlo es encontrarnos con Él diariamente en una mesa, aceptar su invitación, entender que se sentará a nuestro lado y compartirá con nosotros. Nunca olvidemos que, antes de ir a la cruz, organizó una cena y les dijo que había deseado mucho vivir esos últimos momentos comiendo con ellos. Fue uno de los momentos más íntimos, y en algún momento de la noche les dijo que ya no los llamaría siervos, sino amigos.

No rechacemos la gracia: jamás la mereceremos. Si fuese así, dejaría de ser gracia. Es imprescindible que aprendamos a aceptar el lugar que nos da, por más que nos sintamos impuros, seamos dóciles para que Él se encargue de todo lo demás. Recuerda que, cuando el hijo pródigo vuelve, todo terminó con una fiesta, en una mesa y con comida. La peor decisión fue la del hijo que no quiso entrar, justamente porque se paraba en sus propios méritos, y con esos lentes puestos entendía que el otro hermano no merecía una comida. Se enojó con el padre, se perdió la fiesta y su corazón se resintió.

¿Cuál sería hoy la lista de marginados y de los no aptos para ser discípulos? ¿Cómo actuamos cuando uno de ellos llega a nuestra congregación? ¿Cómo es nuestra mirada sobre ellos? ¿Cuáles son aquellas cosas que dejamos o abandonamos para seguir a Cristo? ¿Pensaste alguna vez en volver a ellas? ¿Cuál es nuestra opinión íntima cuando Dios moviliza su gracia hacia aquellos frente a quienes no estamos acostumbrados a sentarnos a la mesa? ¿Dónde nos ubicamos: a espaldas de Jesús, murmurando con los justos, o en la mesa, comiendo con los pecadores? La pregunta no tendría que ser: ¿dónde está Jesús?

#10 DISCIPULADO Y DISCIPLINA
(LUCAS 11:1-13)

"Un día estaba Jesús orando en cierto lugar. Cuando terminó, le dijo uno de sus discípulos: Señor, enséñanos a orar" (Lucas 11:1)

El discipulado al que fuimos llamados por Jesús es un seguimiento esencialmente espiritual. Sin embargo, la espiritualidad llevada adelante con responsabilidad incide sobre toda nuestra vida. La tendencia general no es asociar nuestra vida espiritual con disciplinas y rutinas. Por el contrario, solemos tildar este tipo de acciones como poco espirituales. Algunos incluso se animan a decir que, cuando tomamos un rumbo decididamente firme en cuanto a nuestros hábitos, no le damos lugar al Espíritu Santo, lo apagamos o le ponemos límites para que actúe. Esto no es así: la vida de Jesús lo contradice, y los últimos cuatro versículos del texto de este capítulo también lo hacen.

Lamentablemente, existen muchos discípulos indisciplinados. En este sentido, las disciplinas espirituales cobran un valor muy especial y constituyen una herramienta sumamente necesaria. El objetivo de las disciplinas espirituales no es apaciguar nuestra conciencia ni existen para que nos sintamos superiores a los demás; su propósito es aumentar mi conexión, mi comunión y mi interacción con Dios. El fin siempre es mi relación con Él.

Lo que vemos en los evangelios —especialmente en Lucas— es a Jesús con una vida de conductas permanentes que sostienen su ministerio. Tendríamos que desterrar de nuestros pensamientos la idea de que este tipo de vida nos haría caer en prácticas aburridas, poco espontáneas y sin fluidez relacional con el Señor. Ese puede llegar a ser un riesgo si pensamos que los hábitos son fines en sí mismos, pero no es esa la idea que hay detrás de este punto, ni lo que vemos en Jesús. Sus disciplinas espirituales, justamente, producían lo contrario: le permitían tener un conocimiento más nítido de la voluntad de Dios, desactivaban las maniobras de Satanás, fortalecían toda su vida y aumentaban su sensibilidad espiritual. Jesús no era un improvisado, ni alguien que se valiera de emocionalismos místicos para llevar adelante su ministerio. Él dependía íntegramente del Padre, y su relación con Él era sólida porque la llevaba adelante de forma concreta y pautada.

La esencia de las disciplinas

En general, las naciones latinoamericanas estamos peleadas con la disciplina. La vemos como un castigo o una obligación. Sin embargo, la realidad es que las palabras discípulo y disciplina están íntimamente relacionadas. Para que nuestra vida discipular funcione, necesitamos reconciliarnos con términos como esfuerzo, prioridades, orden y agenda. Aunque estas disciplinas son actividades espirituales y a veces luchamos para realizarlas, el punto clave no está en nuestros esfuerzos, sino en la gracia de Dios. Son ejercicios en los que participamos porque nos permiten lograr lo que no podemos alcanzar solo por esfuerzo directo. Estas actitudes, trabajadas en nuestra vida, nos darán permanencia, firmeza y constancia.

Nuestra época está marcada por la superficialidad, la inmediatez y el activismo. Las personas no alcanzan profundidad, esperan cambios instantáneos y no logran detenerse para dedicar tiempo a lo importante, sacrificando lo esencial en el altar de lo inmediato. Una vida de disciplina espiritual sana nos libera de estos avasallamientos de la vida posmoderna y nutre el vínculo más importante que el ser humano debe tener: su relación con Dios.

Las disciplinas espirituales nos permiten consolidar cambios y afirmar un crecimiento estable en nuestra vida. Constituyen el puente entre quiénes somos y quiénes queremos ser. Un discípulo es aquel que reorganiza su vida de manera sistemática y progresiva para ser como su Maestro. No alcanza con querer ser como Cristo; también debemos hacer planes para llegar a serlo, exponernos a su presencia y permitir que Él nos transforme. En esto, las disciplinas juegan un papel vital para que Cristo sea formado en nosotros.

Necesitamos cuidar nuestras acciones diarias, porque ellas se convierten en hábitos; debemos cuidar nuestros hábitos, porque se transforman en carácter; y es necesario cuidar nuestro carácter, porque de él depende nuestro destino.

Liderazgo referencial

Los discípulos le piden a Jesús que les enseñe a orar porque ven que Jesús lo hace. Es toda una lección de liderazgo. Jesús no les enseña a sus discípulos con alusiones a terceros ni con recuerdos personales del pasado.

Él lo hace desde la plataforma actual de su propia vida. Ellos son contagiados por lo que ven en su Maestro. El ejemplo siempre será mucho más fuerte que las palabras, porque las acciones de quien enseña son más importantes que su discurso.

A nivel personal, lo vivo constantemente con mis hijos: sus ojos incorporan mejor mis enseñanzas que sus oídos. Cuando los quiero educar como papá, procuro que ambas cosas estén presentes; pero hay una que llega más a sus corazones, influye con mayor profundidad y permanece en sus vidas: el ejemplo. Sin él, las palabras se desvanecen; pero con él, lo que digo penetra hasta su conducta y se fija en sus recuerdos. Jesús fue el mejor de todos los maestros; Él sabía la potencia que había en un modelo vivido.

Disciplinas espirituales

Las disciplinas espirituales son muchas; algunas son más conocidas y más practicadas que otras. Por una cuestión pedagógica, esta parte del capítulo la voy a presentar de forma más sistemática y práctica que las demás. Vamos a explorar cuatro disciplinas espirituales (no son las únicas) que vemos en la vida de Jesús y que nos ayudarán a pensar en los hábitos que Él practicaba.

El retiro. Jesús se retiraba con frecuencia. Mateo nos cuenta que: "...Jesús se apartó de allí en una barca a un lugar desierto y apartado..." (Mat. 14:13). Juan nos dice que, cuando "Jesús entendió que iban a venir para tomarle por la fuerza y hacerle rey, se retiró de nuevo al monte, él solo" (Juan 6:15). Cuando pensamos en los retiros, solemos mezclarlos con alguna de las otras disciplinas, pero quisiera que lo veamos como algo particular, con características propias.

El retiro necesita soledad. La soledad, practicada sanamente, es un lugar de gracia que opaca las ocupaciones desmedidas, la presión excesiva de las demandas sociales y la alteración que incita la prisa. Necesitamos distanciarnos de lo que nos obsesiona y agota. Un tiempo de soledad nos revela que el mundo no descansa sobre nuestros hombros y puede seguir adelante sin nosotros. Dios nos llama a estar solos y conocerlo. Estar a solas permite que Dios nos encuentre de nuevas maneras.

Un retiro requiere reposo. El reposo es un mandamiento al que no le prestamos demasiada atención, y es una herramienta para que nuestro cuerpo entre en descanso y encuentre fortaleza; para que nuestro pensamiento se serene y para que nuestras emociones se aplaquen. Esto significa que no podemos llevar nuestro trabajo a un retiro, porque el descanso nos evadirá. Ni siquiera deberíamos hacerlo en forma de estudio bíblico, oración o preparación de un sermón. No deberíamos tratar de hacer algo para llenar nuestro tiempo; eso únicamente nos lanzará de nuevo a una actividad laboral. El objetivo es reposar. Quizá sirva apagar nuestros dispositivos y todo tipo de pantallas. Simplemente hagamos espacio y tiempo, y sepamos que no tenemos que hacer para ser. Permanezcamos así hasta que dejemos de inquietarnos en nuestro interior y permitamos que el que trabaje sea el Espíritu en nosotros.

El silencio es otro aspecto indispensable. El silencio es libertad de sonidos, excepto aquellos naturales como la respiración o el viento. Sin darnos cuenta, permanecemos sometidos a las presiones de un mundo que nos aturde con ruidos y nos distrae con miles de voces. El silencio debe llevarnos a oír mejor a Dios. El solo hecho de no hablar ni escuchar sonidos frecuentes no tiene sentido si nuestro corazón no se predispone a escuchar la voz de Dios; este es el propósito.

El retiro es una de las disciplinas más desconocidas y menos practicadas. Es sorprendente cuánto lo ignoramos y lo desacostumbrados que estamos a practicarlo. Si lo quisiéramos corroborar, solo tendríamos que intentarlo al menos por media hora, y nos asombraríamos de lo difícil que nos resulta. Nos daríamos cuenta de cómo nuestro cuerpo se inclina a las actividades en vez de a la quietud; cómo nuestra mente, a la preocupación en vez de a la calma; y cómo nuestra boca se desespera por hablar y no guarda silencio. Los tiempos de retiro podrían ser, para muchos, la única manera de interrumpir los circuitos de intensidad diaria que nos ahogan. No es casualidad que tantos hijos de Dios vivan sumamente agotados. Un retiro es un verdadero desafío, especialmente en nuestros días dominados por el activismo. Pero, por esa misma causa, debería ser uno de nuestros objetivos.

La oración. En el Evangelio de Lucas vemos un énfasis especial en la oración. Lucas narra que Jesús iba frecuentemente a lugares desiertos para orar (5:16), que antes de tomar la decisión de elegir a sus apóstoles pasó toda la noche orando en un monte (6:12), que cuando le cuenta a Pedro sobre las aflicciones que le ocurrirían, él ya había estado intercediendo (22:31-32), y que, antes de ir a la cruz y durante la crucifixión, Jesús habló con el Padre (23:46). Los discípulos no le pidieron a Jesús que les enseñara a hacer milagros o a resucitar muertos, porque se daban cuenta de que, indudablemente, ahí no estaba el secreto. El pedido que los discípulos le hicieron a Jesús fue específico: "Señor, enséñanos a orar". La oración es la llave maestra de las disciplinas espirituales.

La oración es una de las disciplinas espirituales más practicadas. Sin embargo, eso no significa que siempre se realice bien ni bajo la aprobación de Dios. Necesitamos preguntarnos cuál fue la manera en la que Jesús oró. Cuando hablo de esto, no me refiero a replicar situaciones externas como hacerlo de rodillas, con los ojos cerrados o con la cabeza agachada, aunque algunas de estas formas puedan ayudarnos. Si somos observadores, la Biblia pone poco interés en esos detalles y, de hecho, en algunos aspectos, necesitaríamos quitarnos formatos que creemos que son obligatorios. Por ejemplo, Jesús no siempre oraba con los ojos cerrados. Cuando oró por los alimentos después de multiplicarlos, levantó sus ojos al cielo para orar; lo hizo con los ojos abiertos. Tampoco estamos seguros de que haya orado siempre de rodillas.

Jesús oró en momentos críticos. Lo hizo con total sinceridad, en algunos casos acompañado y en otros en soledad. Él vivió sus tiempos de oración como un espacio en el cual el Padre le hablaba, su corazón era transformado y los planes personales eran modificados y quedaban a un costado para emprender los planes del Reino de Dios. La oración es un lugar en el cual puedo abrir mi corazón con confianza, ser comprendido, recibir consejo, consuelo y fortaleza. La oración es un diálogo permanente. Hay momentos exclusivos, privados y dedicados especialmente para orar, en los cuales cerramos la puerta de nuestra habitación y estamos a solas con Él, pero el acceso a su presencia es ilimitado. Hay una audiencia continua disponible con Dios, porque Él conoce que nuestra necesidad de dependencia es permanente y sabe que, sin Él, nada podemos hacer.

Un ejemplo inmenso es Getsemaní (Lc. 22:39-46). Hay varias enseñanzas sobre la oración allí. Lo primero es que Jesús "solía hacerlo"; sin dudas, era algo recurrente y constante en el Señor. No es de extrañar la frescura de su ministerio. En segundo lugar, había un lugar: "el monte de los Olivos". Instalar en nuestra vida una disciplina necesita elementos definidos donde echar raíces; uno de ellos es un lugar de encuentro. Los discípulos sabían a qué iba el Señor a ese lugar. Judas fue a buscarlo precisamente allí; sabía que su Maestro estaría en ese sitio. En tercer lugar, Jesús recurrió a la oración en una situación extrema. Cuando el destino de la humanidad estaba en juego, se puso de rodillas. No siempre vamos a Dios en momentos críticos. Él sabía perfectamente que su tiempo de oración era el lugar donde encontraría su refugio y su fortaleza. Por último, Jesús compartió su dolor con sus discípulos y les pidió que oraran también. Mateo cuenta que les abrió su corazón a tal punto que les dijo que, por la angustia que lo invadía, se sentía morir (Mateo 26:38). La oración es un tiempo de apertura de mi vida a Dios y a los demás. No sirven las oraciones artificiales y enmascaradas que hacían los fariseos. La oración verdadera nos lleva a momentos de vulnerabilidad y sinceridad.

Jesús les enseñó el Padre Nuestro como un modelo inspirador. Ellos necesitaban saber qué era lo que ocurría en los tiempos personales de oración que Jesús tenía. La oración nunca fue pensada como una disciplina repetitiva y memorizada, sino como una conversación que alimenta el fuego del primer amor en nosotros, como un ejercicio que nos acerca al Padre y un espacio donde Dios transforma nuestra vida y la orienta a su voluntad. Orar, esencialmente, es interactuar con Dios.

La meditación. Esta es una disciplina espiritual que usualmente consideramos con reserva. Posiblemente, sea así porque la asociamos con religiones o corrientes de espiritualidad orientales que se distancian del cristianismo. La realidad es que la Biblia no solo la menciona, sino que nos invita a practicarla. La meditación no es un llamado a poner nuestras mentes en blanco, a escaparnos de la realidad en la que vivimos abandonándonos en la nada; tampoco se trata de vaciarnos interiormente sin un objetivo claro. El énfasis de la meditación cristiana está puesto esencialmente en la Palabra de Dios. El primer Salmo y las indicaciones que Dios le da a Josué cuando Moisés ya no estaba al frente de la nación lo evidencian (Salmos 1:1-3; Josué 1:8).

La práctica de la meditación nos permite concentrarnos. En un mundo con distracciones continuas y lleno de ventanas abiertas, estar enfocados nos coloca en otro terreno. Concentrarse es contemplar un centro sin apartar la mirada de allí. Es lograr que las palabras de David se hagan carne en nosotros ("Una cosa he demandado a Jehová, ésta buscaré") y permitir, en medio de tanta inquietud y confusión, que Cristo tome su lugar en el centro de nuestra vida. Meditar también incluye nuestra mirada y nuestro contacto con la creación. Jesús mismo enseñó que miremos las aves del cielo y los lirios del campo, para que no estemos preocupados por nuestra comida ni por nuestro abrigo. Es inmensa la riqueza de revelación que nos perdemos por no abrir los ojos a todo lo que Dios creó, olvidando que los cielos cuentan su gloria.

Esencialmente, meditar es procesar con cuidado las Escrituras para que puedan ser interiorizadas, incorporadas al corazón y transformar nuestro pensamiento y nuestro vivir. Meditar es darle un lugar espacioso al Espíritu

Santo para que trabaje por medio de la Palabra que Él mismo inspiró. Cuando meditamos, permitimos que la Palabra de Dios atraviese todas esas capas que rodean nuestro corazón y que, frecuentemente, impiden que la voz de Dios invada nuestro interior. Es llamativo y, a la vez, triste cómo buscamos de manera tan acelerada que Dios nos hable y ponemos expectativas tan altas, sin dedicar el tiempo necesario para que esto ocurra, y para que, una vez que suceda, su voz eche raíces y penetre en nuestra vida.

Nuestra llegada a la Biblia muchas veces es solo informativa. No hay detenimiento, no hay tiempo de proceso. La Palabra de Dios es nuestro alimento y, como tal, debe ser digerida con cuidado, "masticada" lo suficiente y sin ansiedad, sin búsquedas rápidas que nos saquen del paso. Nuestro encuentro con la Palabra de Dios no fue planeado por el Creador para ser recorrido a la ligera, como si fuera una comida de microondas. Necesita dedicación, atención y tiempo. Quiero dejarte algunas recomendaciones para avanzar en esta disciplina espiritual:

- Tener pequeños tiempos diarios de contemplación. Son momentos dedicados a concentrarnos en quietud y permitir que nuestra mente fragmentada se enfoque. Estos momentos pueden comenzar con una oración sencilla y sincera, expresando aquello que te inquieta, te enoja o te frustra.
- Luego de haber entregado las emociones más pesadas de tu corazón, pídele al Señor que las reemplace por aquellas que pertenecen al suyo. Por ejemplo, paz en lugar de ansiedad y gozo en lugar de angustia.
- El resto del tiempo pásalo en silencio, sin pedir nada, recibiendo su gracia, dejándote amar y permitiendo que Dios te hable. Puede ser que percibas algunas impresiones o recibas alguna palabra específica. Si no es el caso, simplemente persistí.
- Descubrí a Dios a través de su creación. Permití que Él se revele mediante la naturaleza. Lo más recomendable, en este aspecto, sería no hacerlo de manera general, sino elegir uno o dos aspectos de la naturaleza.
- Trae a tu corazón la Palabra de Dios. Sin lugar a dudas, este debe ser el eje central de nuestra meditación. No se trata de un momento de exégesis bíblica, sino de internalización y aplicación personal de un pasaje. No tienen que ser pasajes largos; simplemente lo que entiendes que Dios te habla por su Palabra. Podrían ser uno o dos versículos.
- Escucha su voz. Nuestros momentos con Dios tienen más que ver con oír que con hablar. Meditar es escuchar sin interrumpir, esperar

en silencio y madurar lo que entendemos que Él nos dijo. Meditar es leer lento y, frecuentemente, quedarnos en algún punto en particular. Es aprender a saborear la Palabra de Dios. Solo en esta espera es posible ser alimentados con mayor calidad y absorber todos los nutrientes que la Palabra tiene para nuestra vida.

- Termina la meditación con un sincero momento de adoración y acción de gracias. Recuerda que no es necesario que sea abundante en palabras, ni obligatorio utilizar frases hechas o repetitivas. Lo más importante es que sea genuino, que represente tu corazón. No debería ser un momento en voz alta, sino, más bien, una oración susurrada. Recuerda que el punto fuerte no está en lo que decimos, sino en lo que escuchamos.

Estos puntos son solo consejos que pueden ayudarte y orientarte en tu meditación; pero cada uno construye su propio sendero. La relación con Dios es personal, evoluciona, crece y se afianza con el tiempo. La meditación traerá calma a nuestro corazón, nos liberará de la ansiedad y nos permitirá adquirir sabiduría en nuestras palabras, ya que aprenderemos a pensar lo que decimos y lo que decimos estará permeado por la voz de Dios.

El ayuno. La alimentación es una necesidad básica del ser humano, fundamental para su salud, su desarrollo y su funcionamiento. Dios puso dentro de nosotros un deseo específico, al que solemos llamar "hambre", para garantizar que nuestro cuerpo sea alimentado. Cuando comemos, nuestro apetito se sacia y nuestro cuerpo se fortalece para las tareas cotidianas.

El ayuno es la abstención voluntaria de comida (que también puede extenderse a la bebida), en su totalidad o en parte, en algún grado significativo y por un tiempo determinado, con un objetivo espiritual. Un paréntesis en algo tan esencial como el alimento necesita tener razones, cuidados y propósitos claros, y la Biblia no los deja de lado.

Necesitamos tener en cuenta principios sobre el ayuno que, en alguna medida, también son aplicables a las demás disciplinas espirituales. El primero de ellos es que el ayuno no es un rito para obtener beneficios de Dios según nuestros propios deseos o sueños personales. Dios no puede ser manipulado; Él es soberano e incontenible. Dios, por ser quien es, se reserva el derecho de manifestarse y obrar cuándo quiere, cómo quiere y con quien quiere.

El ayuno no es una herramienta espiritual para hacer cambiar de opinión a Dios o para torcer su brazo. Su propósito no es modificar la voluntad de

Dios ni intentar convencerlo de algo que entendemos que no sería correcto. El propósito es cambiar nuestro corazón y ponerlo en armonía con el corazón de Dios, para encaminarnos hacia su perfecta voluntad. El ayuno es una experiencia que nos coloca en condiciones apropiadas para recibir lo que Dios quiere entregarnos. La meta del ayuno no es impresionar a Dios con nuestra entrega para merecer su favor. El ayuno es una gran mesa espiritual servida delante de quienes se animan a realizarlo con un espíritu humilde. Cuando logramos hacerlo bien, cambiamos el padecimiento de la privación de comida física por el gozo y la fortaleza espiritual que recibimos al alimentarnos de su mesa.

Jesús, en Mateo 6:16, no nos sugiere que finjamos estar bien cuando ayunamos; Él nos dice que el gozo es posible para quienes ayunan con el corazón correcto, porque detrás del ayuno hay alimento espiritual real.

En segundo lugar, el ayuno está ligado a la personalidad de cada discípulo. En la Biblia hay diferentes tipos de ayunos. Podemos mencionar el ayuno de Ester (Ester 4:15-16), quien no comió ni bebió durante tres días junto con todo su pueblo. Este es el ayuno más intenso y se practica en tiempos de crisis extremas. Solo se recomienda cuando hay una dirección directa de Dios, un estado de salud que lo permita y experiencias previas con ayunos más sencillos.

Otro ayuno es el que hizo David, cuando se privó de comida durante siete días mientras su hijo enfermaba (2 Samuel 12:16-23). Este es quizá el ayuno más común: su duración puede variar y permite la ingesta de líquidos. Saúl ayunó solo por una jornada y cenó (1 Samuel 14:24). Un tercer tipo de ayuno es el de Daniel (Daniel 10:2-3), que duró tres semanas y consistió en abstenerse de alimentos sofisticados, de aquellos que provocan mayor placer. Podría considerarse un ayuno parcial, una restricción en la dieta. No comió manjares del palacio, ni carne ni vino. Es interesante que también se privó de perfumes, lo cual muestra que su ayuno no se limitó solo a la comida.

Aunque el ayuno es, literalmente, "taparnos la boca", también podemos practicar ayunos legítimos que no impliquen alimentos, pero que resulten en un gran aporte a nuestra relación con Dios y aumenten nuestra sensibilidad a su voz. Por ejemplo: no entrar a redes sociales por un tiempo, no hablar durante un día, dejar de mirar canales deportivos por un mes o evitar pantallas como familia al sentarnos a la mesa. Estas decisiones, semejantes a las de Daniel, pueden ser usadas por el Espíritu Santo para fortalecer nuestra comunión con Él.

El ayuno más recordado es el de Jesús. Él se apartó durante cuarenta días y se abstuvo de alimento. En ese tiempo, encontramos principios valiosos para sus discípulos: Jesús fue llevado por el Espíritu Santo, enfrentó tentaciones y un combate directo contra Satanás (una de ellas relacionada con el pan), y salió del desierto lleno del Espíritu. Una vez más, el Señor nos enseña con su vida la vigencia del ayuno.

Muchos discuten si el ayuno es válido hoy. Pero cuando Jesús dice: "Cuando ayunen..." (Mateo 6:16), es evidente que daba por hecho que sus seguidores ayunarían, y que lo que se necesitaba era restaurar una práctica correcta. No hay un rechazo a esta disciplina; sin embargo, el ayuno no es un mandamiento. Como vimos, hay diversos tipos de ayuno (y más aún que los aquí mencionados). Cada ejemplo no debe tomarse como una exigencia fija, sino como un modelo orientador.

Lo importante es tener esta herramienta disponible y ejercitarla según nuestras posibilidades y conforme a lo que entendamos que Dios nos pide. Aunque el texto bíblico no presenta el ayuno como un mandamiento explícito, es innegable que Jesús esperaba que lo practiquemos. Sus palabras son inquietantes cuando, ante la pregunta de por qué sus discípulos no ayunaban como los de Juan o los fariseos (Lucas 5:33-35), Él responde que mientras el novio —refiriéndose a sí mismo— estuviera con ellos no era necesario, pero que cuando ya no estuviera, "entonces, en aquellos días, ayunarán". Jesús espera que lo hagamos, según nuestras posibilidades y de la forma que elijamos. No existe un modelo único. Cada discípulo debe establecer su propio camino de relación con Dios.

Finalmente, el tercer principio es que el ayuno, como las demás disciplinas espirituales, no debe convertirse en un fin en sí mismo, pues son solo medios. No debemos permitir que ninguna disciplina se convierta en un ídolo. El mayor riesgo surge cuando aprendemos a desarrollarlas. Los fariseos se volvieron expertos en cada una de ellas, pero el peso de su experiencia terminó siendo una carga pesada para quienes intentaban acercarse a Dios, ya que muchos se sentían indignos ante ellos. Por eso, el verdadero ayuno, según Isaías 58, tiene mucho que ver con la misericordia hacia el prójimo.

Está comprobado que el ayuno, bien practicado, tiene efectos en la salud física, mental, emocional y espiritual. Sin embargo, no debemos olvidar que el ayuno es solo un puente hacia una comunión más plena con Dios, una herramienta más para acercarnos mejor al Señor. Por eso, el ayuno siempre debe ir acompañado de la oración. Ayuno y oración forman un binomio inseparable. Si ayunamos y no oramos, el ayuno pierde su sentido. El propósito es, prioritariamente, espiritual, y la oración sigue siendo la llave de acceso.

Aplicación

La recuperación o la puesta en marcha de estas disciplinas es indispensable para seguir a Jesús. No podemos pensar en un camino con Él sin pasar por ellas. Hay demasiados discípulos indisciplinados, pero esto, en el fondo, es una disparidad. Necesitamos salir de inmediato de esa forma de vivir que nos arrastra a la inmadurez y a la mediocridad. El discipulado es camino y es permanencia. Es una forma de vivir sustentada en hábitos que nos acercan a Dios y nos permiten crecer.

Con seguridad, muchos de nosotros hemos sentido más de una vez que llegamos a un techo en nuestro desarrollo como discípulos. En esos casos, deberíamos revisar si estamos teniendo continuidad con cada una de estas disciplinas.

Recordemos que las disciplinas espirituales no son un fin en sí mismas, sino herramientas que nos permiten conectarnos con Dios con frecuencia y nos dan una estructura de crecimiento estable. Los fariseos eran muy rigurosos en su disciplina, pero su motivación no era agradar a Dios ni ser transformados, sino satisfacer su ego y exhibir su espiritualidad. Dios pone en nuestras manos cada uno de estos hábitos con otros planes. El fin último no es la oración, ni el ayuno, ni los retiros per se; ellos son solo puentes que nos llevan a conocer más a Cristo y a que Él sea formado en nosotros.

Necesitamos comprender que el Señor nos enseñó a practicarlas y las practicó porque lo necesitó. El discípulo no es mayor que su Maestro. La integración de estas disciplinas a nuestra vida requerirá una gran disposición para incorporarlas y determinación para no abandonarlas. Lancémonos a ellas sin temor: el Espíritu Santo nos guiará para que no se conviertan en rutinas vacías, monótonas y sin fruto. Los resultados de su práctica nos inspirarán, y su establecimiento como estilo de vida le dará vigor a nuestra relación con Dios.

¿Qué lugar ocupan las disciplinas espirituales en tu vida? ¿Cuál de ellas te cuesta más y cuáles entiendes que serían de más provecho en tu vida? ¿Qué otras prácticas ves en Jesús que podrían sumar valor a tu relación con Él?

VERSÍCULOS DE APOYO
GÁLATAS 4:19 / 1 TIMOTEO 4:7-8 / GÁLATAS 6:8 /
JUAN 13:15-17 / MATEO 5:5-6 / 1 TESALONICENSES 5:17
/ MATEO 6:25-34 / MATEO 6:16 / HECHOS 13:2-3 /
2 CORINTIOS 12:9-10 / HECHOS 9:9

#11 EL COSTO DEL DISCIPULADO

(LUCAS 14:25-33)

"si alguno viene a mí, y no aborrece a su padre, y madre, y mujer, e hijos, y hermanos, y hermanas, y aun también su propia vida, no puede ser mi discípulo".
(Lucas 14:26)

Llevar la cruz es ir a morir. Los discípulos entendieron perfectamente lo que Jesús les estaba diciendo. Aun así, les costó ser conscientes de lo que significaría su propia entrega. Hoy, muchos de nosotros llevamos una cruz como un símbolo que identifica nuestra fe, pero en la antigüedad los discípulos no pudieron relacionar la cruz con algo tan honroso: habían visto a muchos reos condenados llevando una cruz para concretar su inevitable sentencia de muerte. Aquella cruz no la llevaban en el cuello, la cargaban sobre sus hombros, y la persona que lo hacía sabía que era un viaje sin retorno, que su camino tenía un solo destino.

La cruz no era un método de mejoramiento ni un seminario de capacitación; la cruz lo único que perseguía era la muerte de la persona. Obviamente, si Jesús hubiese tenido un asesor de marketing, le habría aconsejado que usara alguna otra ilustración un poco más amable. Había multitudes, todos lo seguían, pero aún no conocían el precio a pagar por su seguimiento. El objetivo de Jesús no era entretener a la gente. Él es directo: no busca divertirlos ni los convoca con propuestas estériles e infructuosas. El Señor bajó del cielo, estaba entre ellos, y no quería perder su tiempo con explicaciones engorrosas, tibias o difusas que no llevaran a ningún lado. La frontalidad de Jesús es impactante y es parte de su transparencia e integridad. El discipulado que predicó, inevitablemente, involucraba una cruz.

Jesús no fue un vendedor oportunista que vino a ofrecernos su Reino solo mostrando los beneficios, sin manifestar el costo. Aun si así fuera, si por un momento pudiéramos ver el evangelio como un producto, nos sería conveniente. Pensemos: su valor y riqueza siempre superan su precio; su Reino nunca se acaba y sus garantías son eternas. Es decir, aun mirándolo de esta manera, es beneficioso. Pero el planteo de Jesús está lejos de ser un ofrecimiento comercial. El discipulado posee el mayor grado de dignidad y honor al que un hombre y una mujer podrían aspirar; pero Jesús fue claro: hay un precio que pagar. Cualquier costo, aunque sea alto, siempre será poco al lado de todo lo que hallamos en Él y de la recompensa que nos promete. Cuando adquirimos algo caro, es porque estamos pagando un producto a un precio mayor del que realmente vale. Seguir a Jesús no es caro, es costoso, pero vale la pena.

La cruz y la gracia

Solemos confundir la operación de la gracia al comienzo de nuestra vida cristiana con todo lo que ocurre después. Todo está bajo la misma gracia, pero nuestra realidad cambia, porque, una vez que aceptamos el perdón de Dios, pasamos a ser sus hijos, y el discipulado se nos presenta como un desafío ineludible. Según lo establecido en la Biblia, no hay dudas de que la salvación es por gracia; es un regalo inmerecido que aceptamos como tal. Pero el discipulado es una respuesta ante esa salvación inmensa que recibimos. Cristo pagó el costo de nuestra salvación en la cruz del Calvario; nosotros debemos pagar el costo del discipulado llevando nuestra cruz cada día. Por nuestra condición de pecado, no podíamos hacer nada para salvarnos. Somos salvos en Cristo, por sus méritos, porque Él pagó el precio en el madero; pero, una vez que eso sucede, por la vida que recibimos en Cristo, debemos seguirlo. Necesitamos entender que el discipulado sí tiene un costo que debemos asumir.

Hay dos palabras que encontramos en esta explicación que nos pueden ayudar a dilucidar el discipulado más profundamente. La primera de ellas es la palabra cruz. La cruz es el vértice principal del discipulado: la encontramos tanto en el sacrificio de Jesús a nuestro favor como en la metáfora viva de nuestro seguimiento. Así como no existe salvación eterna sin una cruz, tampoco existe discipulado sin ella. La otra palabra es gracia. Seguramente comprendemos bastante bien que nuestra salvación llega a la humanidad a través de Cristo y por la gracia de Dios. No obstante, a veces nos cuesta mirar más allá de ese momento crucial en el que pasamos de muerte a vida. Es decir, abrazamos la gracia para ser salvos del infierno simplemente aceptando el regalo del perdón de Dios que hace todas las cosas nuevas, pero mucho no hicimos; en realidad, quien hizo todo fue Cristo en la cruz. El punto es que, luego de ese momento, pensamos que las cosas en nuestra vida regenerada continuarán con la gracia operando exactamente de la misma manera: Dios entregándome todo y yo recibiendo "de arriba", de forma pasiva, todas las cosas que Él preparó para mí. Bueno, lamento decepcionarte, pero bíblicamente no es así.

Dietrich Bonhoeffer fue un pastor luterano que se opuso en Alemania al régimen levantado por Hitler durante la Segunda Guerra Mundial. Fue arrestado por su compromiso con esta causa y estuvo en prisión dos años y cuatro días. El 1 de abril de 1945 fue trasladado por la Gestapo al campo de concentración de Flossenbürg. Siete días después, los prisioneros le pidieron que compartiera un mensaje, y él les predicó sobre 1 Pedro 1:3. Apenas terminó, entraron dos guardias para llevárselo. Le explicaron que había llegado la hora de ser juzgado por sus acciones contra el gobierno nazi. Sus horas estaban contadas: al otro día fue llevado a la horca. Dos semanas después, el ejército estadounidense llegó a esa zona y liberó el campo de concentración. Años antes de su muerte, Bonhoeffer había escrito un texto sobre el discipulado, conocido en castellano como El precio de la gracia o El costo del discipulado. Al comienzo de su libro escribió lo siguiente:

> *La gracia barata es el enemigo mortal de nuestra Iglesia. Hoy combatimos en favor de la gracia cara. La gracia barata es la gracia considerada como una mercancía que hay que liquidar... es la gracia sin precio, que no cuesta nada. Porque se dice que, según la naturaleza misma de la gracia, la factura ha sido pagada de antemano para todos los tiempos. Gracias a que esta factura ya ha sido pagada podemos tenerlo todo gratis. Los gastos cubiertos son infinitamente grandes y, por consiguiente, las posibilidades de utilización y de dilapidación son también infinitamente grandes... [la gracia barata] es una gracia que lo hace todo por sí sola. Es la gracia sin seguimiento de Cristo, la gracia sin cruz... La gracia cara es el Evangelio que siempre hemos de buscar, son los dones que hemos de pedir, es la puerta a la que se llama. Es cara porque llama al seguimiento, es gracia porque llama al seguimiento de Jesucristo; es cara porque le cuesta al hombre la vida, es gracia porque le regala la vida; es cara porque condena el pecado, es gracia porque justifica al pecador. Sobre todo, la gracia es cara porque ha costado cara a Dios, porque le ha costado la vida de su Hijo.*

La gracia de Dios no se apaga una vez que cambiamos de reino; continúa su curso de acción sobre quienes ahora son discípulos. Somos nuevas criaturas, y hay una cruz que cargar, un camino que no será sencillo recorrer y una forma de pensar y vivir a la que debemos morir. Pero, detrás de todo esto, está la gracia de Dios sosteniéndonos. Su operación no se interrumpe ni se estanca en el nuevo nacimiento, sino que se extiende durante todo nuestro camino a partir de allí.

La gracia de Dios es lo que hace posible que llevemos adelante un discipulado de acuerdo con las exigencias que Jesús planteó. Es cierto: hay un costo que pagar por ser discípulo, y es alto, pero es posible costearlo solo porque nuestras decisiones están sostenidas por la gracia de Dios. No es una cuestión humana; sería imposible cubrir los requisitos de admisión del discipulado solo con nuestro esfuerzo. Déjenme ponerlo en otras palabras: hay una confusión frecuente en la vida cristiana. No solo creemos que somos salvos por gracia, sino que, además, estamos detenidos o paralizados sobre ella, pensando que todo sucederá por la acción de Dios sin ningún tipo de sacrificio de nuestra parte. Se nos hace difícil comprender que la gracia no se opone al esfuerzo, sino que se opone a que tratemos de ganarla. Tratar de obtener lo que Dios ya nos regaló es una actitud incoherente. La gracia y el esfuerzo no se oponen.

En el discipulado, será indispensable el esfuerzo, el trabajo diario y la disciplina, pero siempre bajo el calor de la gracia de Dios, sin la cual todo impulso, tarde o temprano, se desgasta, se agota y queda obsoleto frente a todas las demandas que el mismo Señor planteó para que lo sigamos. La vida discipular de un hijo de Dios oscila entre estas dos verdades: la cruz y la gracia; un madero para llevar y la fortaleza de Dios para hacerlo; una decisión diaria de morir y el favor del Espíritu para vivir de acuerdo con ello.

Viejas objeciones

Jesús sabía que sus discípulos estaban con Él porque lo amaban. Él había cautivado sus corazones; de eso no hay dudas. Su autoridad, sus milagros, las liberaciones, sus palabras, su misma presencia a centímetros de distancia… la atracción que provocaba siendo el Hijo de Dios no es difícil de imaginar. En Jesús ellos habían encontrado perdón, Él les había abierto los ojos, les transmitía palabras que nadie conocía. Ellos estaban enormemente agradecidos y, aunque muy pocas veces lo comprendían, lo amaban. Pero ¿por qué Jesús tiene esta fuerte avanzada sobre la multitud? ¿Por qué los inquieta con una imagen tan fuerte como la de la cruz? Jesús lo hace porque conocía cuál es la dificultad de todo seguidor. Sabe que el problema no era si lo amaban o no —ellos estaban en proceso de aprender a hacerlo—, la gran dificultad era que, junto con el amor que sentían por Jesús, también amaban otras cosas. Alguien definió alguna vez la vida como una guerra de amores. Por eso, el mandamiento más grande que Jesús trazó fue: "Amarás al Señor tu Dios con todo tu corazón, y con toda tu alma, y con toda tu mente", y en el amarlo "con todo" no queda nada afuera.

Jesús quiere dejar claro que hay condiciones en las cuales el discipulado no se puede dar. Él menciona tres veces la frase: "… no puede ser mi discípulo". El Señor no está dispuesto a bajar el estándar de su llamado ni a desdibujar los límites que condicionan a quienes desean seguirlo de verdad. Jesús arroja este mensaje a la multitud inmediatamente después de relatar la parábola de la gran cena (Lucas 14:15-24). Ambos pasajes están conectados.

En esa historia, un hombre prepara una cena especial e invita con tiempo a muchas personas. A la hora del evento, envía a sus siervos para recordarles a los invitados que los esperaba y que ya todo estaba preparado para recibirlos. Pero ellos comenzaron a disculparse porque no podrían asistir, y cada uno envió una excusa diferente. El primero dijo que acababa de comprar un campo y debía ir a inspeccionarlo; el segundo dijo que había comprado cinco yuntas de bueyes y quería ir a probarlas; el último dijo que recién se casaba y no podía asistir.

Jesús relata esta historia para ayudarnos a entender las diferentes razones que el hombre esgrime hasta hoy para no abrazar su causa. Las relaciones interpersonales, los intereses individuales y los afectos materiales fueron los motivos por los cuales los invitados no participaron de la cena. Las razones que cada uno de estos personajes presenta son el mismo tipo de excusas que se levantaron a lo largo de todos los tiempos como resistencia al discipulado. Los elementos que componen cada pretexto son distintos según la época, pero la motivación de fondo no ha cambiado mucho. Son, en realidad, viejas objeciones.

La primera vez que Jesús dice: "… no puede ser mi discípulo" (Lucas 14:26), les está enseñando que cualquier relación humana no puede estar por encima de su señorío. Una vez que abrazo la causa de Cristo, debo estar preparado y dispuesto a ser rechazado por mi familia, despreciado por mis amigos, avergonzado por mis compañeros de trabajo. En muchos círculos familiares conservadores, suele darse que cuando uno es el primero en abrazar la fe, la situación se torna desafiante y "la nueva religión" se vuelve un motivo de burla o una traición.

Cuando se dan reacciones de estas características, aun en un marco de vínculos tan sensibles (padre, madre, mujer, hijos, hermanos), Jesús nos dice que debemos elegir su persona por sobre las demás relaciones, aunque esta decisión arrastre implicaciones que nos afecten. Un discípulo sabe que Cristo tiene superioridad sobre toda relación humana. A eso se refiere la palabra "aborrecer": la prioridad indiscutible para aquellos que pusieron sus manos en el arado es Cristo. Nuestras relaciones más sentidas y significativas no pueden ser una excusa cuando está en juego el lugar que Jesús ocupa en nuestras vidas. Cristo no admite rivalidades en nuestros corazones.

Nuestros "sueños" personales tampoco pueden ocupar un lugar innegociable en nuestro corazón. Si nuestros propios planes se posicionan sobre los propósitos de Dios y los criterios de su Reino, no podremos ser sus discípulos. La cruz es una renuncia a aquello que arrastra nuestra vida con ímpetu en contra de la voluntad de Dios. Estos tipos de amenazas al discipulado no suelen estar teñidos de pecado ni esconden un problema moral, pero van en dirección opuesta a los planes de Dios.

El discipulado incluye aborrecer "aun también nuestra propia vida" (Lucas 14:27): nuestras pretensiones individuales y nuestras ambiciones egoístas. Cuando comenzamos a seguir a Cristo, nuestro norte cambia; los intereses del Reino están por encima de nuestros deseos personales. El llamado de Jesús no es a vivir una vida fría y sin metas, sino a redirigir nuestra pasión y a reorganizar nuestras prioridades, alineando todo con aquello que moviliza el corazón de Dios. Un discípulo de Cristo no se sigue a sí mismo, sigue a Jesús. Por lo tanto, los proyectos y la voluntad del Señor deben ordenar e impulsar su vida.

Jesús termina su última advertencia yendo directamente a la médula de la situación: "Cualquiera que no renuncia a todo lo que posee, no puede ser mi discípulo" (Lucas 14:33). En general, pensamos que las otras dos razones que mencionamos antes tienen un peso mayor, pero no son nuestras relaciones familiares ni nuestras ambiciones personales las que suelen marchar al frente de la puja por nuestro corazón, sino nuestras pertenencias materiales. En la parábola de la gran cena, dos de las tres objeciones tienen que ver con cuestiones de este tipo. Las posesiones tienen la capacidad de poseernos y de ser un gran obstáculo para seguir a Jesús.

Las dos metáforas

Es un buen momento para preguntarnos si la cruz es optativa. Desde un punto de vista, sí lo es; pero, mirado desde otro lugar, no. Por un lado, la cruz es optativa porque no es algo impuesto, forzado o que excluya nuestra posibilidad de elección. Por esta razón, no podemos decir que nuestra cruz es un problema de salud sobre el cual no tuvimos injerencia, un conflicto familiar que no provocamos o una situación laboral no buscada, porque no decidimos tomar ninguno de esos caminos: están fuera de nuestra elección, simplemente nos llegaron con la vida. La cruz sí es algo que se elige, es voluntaria y opcional. La cruz es cruz porque podemos tomarla o dejarla. Juan 6:66 dice que "muchos de sus discípulos volvieron atrás, y ya no andaban con él", e inmediatamente Jesús les dice a los doce si también querían irse. Pero ellos eligieron quedarse. Esto confirma que la cruz es una decisión personal.

Sin embargo, si lo miramos desde otro punto de vista, la cruz es obligatoria. Para un cristiano nominal, cuyo compromiso es solo institucional, la cruz puede ser evitable, porque ese estilo de cristianismo no conlleva responsabilidades. Pero, para un discípulo comprometido, la cruz no es opcional. Esto es así por dos razones fundamentales. Primero, porque, como menciona el texto, aquel que no lleva su cruz no puede ser su discípulo. Esto sugiere que hay personas que escogen no llevarla. La cruz nos identifica como discípulos verdaderos. En segundo lugar, no es opcional porque aquel a quien seguimos decidió morir en una de ellas. La cruz es lo que diferencia a un simple seguidor de un discípulo; es lo que distingue a la multitud de los comprometidos. Desde esta perspectiva, la cruz deja de ser optativa, porque no hay discipulado sin cruz.

Jesús usa dos metáforas más para que lleguemos a dimensionar el costo del discipulado. La primera de ellas es la de una torre. Él dice que quien construye una torre calcula el costo, se sienta a pensarlo y recién después lleva adelante la construcción. Pero lo primero que hace es detenerse, reflexionar y sacar cálculos. El constructor necesita considerar cuál va a ser el precio del proyecto y luego decidir si está dispuesto a pagarlo. Para la sociedad oriental antigua, el sentido del honor era muy importante y valioso. No calcular los costos y dejar a medio camino un edificio generaría justamente lo contrario: vergüenza, desparramando su honor por el suelo. En aquel tiempo era impensado que alguien emprendiera un proyecto de dimensiones importantes sin calcular lo que costaría, porque dejarlo a mitad de camino lastimaría el buen nombre del constructor. El discipulado no es un plan menor para los tiempos libres: la inversión compromete toda nuestra vida, completa, no menos que eso.

El segundo ejemplo es el de la guerra. La imagen es la de un combate antiguo. Estas batallas eran masacres cuerpo a cuerpo, se destruían. Jesús necesita insistir sobre lo mismo: como en las guerras, antes de salir a pelear, debemos ocuparnos de hacer una evaluación. No sea cosa que constatemos que el otro es más fuerte y luego tengamos que retroceder. El discipulado es un compromiso hasta la contienda, hasta la confrontación, hasta perder un puesto de trabajo, hasta ser incomprendido, insultado, despreciado o ultrajado. Jesús vivió en carne propia cada una de estas instancias, y el discípulo nunca será mayor que su Maestro. Si Él lo padeció, no sería extraño, en lo más mínimo, que nosotros también lo suframos. Es parte del precio a pagar.

Aplicación

Jesús no estaba exagerando cuando habló del discipulado. Las demandas radicales no eran solo para los seguidores que se acercaron a Él en aquella época, ni fue una propuesta cerrada únicamente para los apóstoles. Los compromisos siguen intactos y los requisitos de admisión no han cambiado. Para muchos, el ingreso por gracia al Reino de Dios significó también un frente de oposición inmediato e inesperado. Los cambios que Cristo produjo en sus vidas fueron increíbles, pero, aun así, las personas más cercanas —con quienes esperaban compartir la alegría de un nuevo comienzo— no estuvieron allí. Muchas veces llevamos reclamos al cielo por situaciones como estas, hasta que entendemos que, cuando Cristo ocupa el lugar más alto en nuestra vida, puede acarrear falta de paz familiar. Jesús mismo lo padeció.

La incomprensión de nuestro entorno y el rechazo también pueden llegar. Quienes van por la avenida ancha no comprenden al que elige el camino angosto. No entienden por qué ya no es tan importante el éxito de este mundo, por qué incomodan tanto las ganancias deshonestas, desde cuándo hay que amar a los enemigos y cuál es el motivo del perdón. La mentalidad materialista se aleja y arrastra relaciones que no serán compatibles con nuestra nueva vida en Cristo. La gracia nos introdujo en un lugar de responsabilidades, pero no nos abandona. El amor de Dios nos da la fuerza, y el Espíritu Santo nos da el valor para que el alto costo del discipulado pueda ser pagado. Sin su gracia y su presencia en nosotros, es imposible. La encrucijada en el camino de tu vida es una realidad. La cruz de Cristo no es un juego ni una decisión fácil: es optativa para cualquiera, pero para un discípulo es ineludible.

¿Alguna vez creíste que la gracia de Dios haría todo por sí sola, sin necesidad de involucrarte? ¿Te detuviste alguna vez a evaluar el costo y el precio a pagar por tu discipulado? ¿Seguir a Jesús te ha costado algo? ¿Cuándo fue la última vez que perdiste una relación porque el Señor no la aprobaba, o un ascenso en tu trabajo porque te pedían hacer cosas deshonestas? ¿Cuándo fue la última vez que se burlaron de tu fe porque no guardaste silencio cuando tenías que hablar? ¿Eres parte de las multitudes que siguen a Jesús, o eres un discípulo comprometido con Jesús, que calculó los costos? ¿Realmente podemos decir que estamos llevando su cruz si no nos costó nada? ¿No estaremos respondiendo a un cristianismo liviano y sin demandas?

VERSÍCULOS DE APOYO
MATEO 22:37-39 / ROMANOS 5:1-11 /
EFESIOS 2:1-10 / LUCAS 14:15-24 /
MATEO 19:29.

#12 UN EXTRAÑO CONOCIDO
(LUCAS 24:13-32)

"mientras hablaban y discutían, Jesús mismo se les acercó y comenzó a caminar con ellos; pero no le conocieron, pues sus ojos estaban velados" (Lucas. 24:15-16)

Evidentemente, había algo diferente en Él. Cuando resucitó y comenzó a aparecer, los discípulos —quienes habían estado más cerca de Él— tenían serios problemas para reconocerlo. María Magdalena lo vio de pie a su lado, junto a la tumba, pero no se dio cuenta de que era Él; lo confundió con el hombre que cuidaba la finca donde estaba el sepulcro. Los discípulos en el mar de Galilea tampoco lo distinguieron desde la barca; recién después de la pesca pudieron descubrir quién era. En el camino a Emaús sucedió algo similar. Marcos, haciendo alusión a esta aparición, dice que Jesús lo hizo "en otra forma": tenía otro aspecto. Él había resucitado, y su cuerpo había sido glorificado, modificado, adaptado para volver al Padre, aunque todavía no lo había hecho.

Durante cuarenta días se les apareció a sus discípulos en diferentes lugares y les habló solo de una cosa: su Reino. Luego ascendió al cielo con toda su gloria y se sentó a la diestra del Padre. A partir de la tumba vacía se inaugura un tiempo completamente distinto. La resurrección es un aspecto fundamental del evangelio que predicamos. El apóstol Pablo dijo, varios años después, inspirado por el Espíritu Santo, que si Cristo no hubiera resucitado, nuestra predicación y nuestra fe serían vanas, inútiles.

Ese lapso de cuarenta días fue un período de preparación. Él aparece y desaparece, atraviesa paredes, ingresa a visitarlos cuando las puertas estaban cerradas. Jesús está capacitándolos en otra dimensión. Ya no estamos hablando del Jesús terrenal, limitado por su cuerpo físico, por el espacio y por el tiempo; es el Jesús resucitado, introduciendo a sus discípulos en un entrenamiento intensivo para que lo conozcan de otra manera. Tenían que saber que Él murió, pero que resucitó; que vino a la tierra, pero ascendería a los cielos; que hizo su tarea en el mundo, pero les entregaría una misión; que está con ellos, pero volverá al Padre; que se iría, pero vendría el Espíritu Santo.

Cada una de las enseñanzas que les dio revivía, cobraba otro sentido; cada una de sus palabras y acciones era vista desde otro lugar y necesitaba ser resignificada. El giro fue completo, pero el eje seguía siendo el mismo: el Reino de los cielos. Ellos estaban siendo instruidos para lo que vendría. Jesús ya no estaría con ellos de la misma manera que antes; ahora estaría en ellos y los investiría de poder. Estos cuarenta días de apariciones fueron una gran bisagra: la Iglesia estaba a punto de nacer, y ellos debían estar preparados y conocer al Cristo resucitado.

Jesús desconocido

Los dos discípulos que iban a Emaús fueron interrumpidos por el Señor. Jesús no había sido invitado a caminar con ellos, pero se suma, se infiltra en la conversación. Los ojos de ellos estaban velados: no podían percibir que era Él. Hay una especie de operación por parte del Señor, un montaje divino. Discutían entre sí sobre Jesús, y ahora Él mismo está entre ellos, y le cuentan a Jesús lo que le había sucedido a Él. El Señor resucitado los escucha en silencio y finge no conocer lo que hablan para acompañarlos en su dolor, en su tristeza y en su incomprensión. Jesús no se queda pasivo: Él motiva la conversación. No lo hace porque no sepa lo que sucedió, sino porque quiere escucharlos. No hace afirmaciones, solo preguntas; le interesa que ellos le cuenten lo que hay en sus corazones, aunque lo conozca todo.

Solo se nombra a uno de los dos discípulos: Cleofás. El otro es un personaje incógnito. La ausencia de su nombre nos permite poner el nuestro en su lugar, porque nosotros también podemos ser de aquellos que emprenden un viaje de once kilómetros y caminan desilusionados con lo que pasó. A veces no entendemos o no estamos de acuerdo con lo que Dios hace. Eso puede calar tan hondo que golpea nuestra comunión con los demás y termina alejándonos de la ciudad en donde estaban los otros discípulos. La desilusión y el desánimo penetran en el corazón y construyen una distancia entre nosotros y la comunidad de discípulos, la Iglesia. Solo habían pasado tres días de la cruz, pero la tristeza era demasiado grande en su interior.

Ambos seguían siendo discípulos. No habían abandonado su decisión principal, pero estaban en un terreno de dudas y decepción, y eso afectaba su vida relacional. Iban a Emaús juntos, pero discutiendo entre sí. Cuando Jesús les pregunta, simulando interés: "¿Qué pasó?" (v.22), ellos le responden que "mujeres de su grupo" los habían dejado asombrados cuando les contaron que Jesús no estaba en la tumba (v.22), y que también habían ido al sepulcro algunos de "sus compañeros" (v.24). Los dos pertenecían al grupo de discípulos que habían permanecido, al menos, hasta el día tres después de la cruz. Pero, así como lo hicieron los pescadores que retornaron al mar, ellos volvieron a su ciudad.

Todo estaba movilizado por la desilusión: "Nosotros abrigábamos la esperanza de que era Él quien redimiría a Israel" (v.21). La esperanza de estos discípulos tenía un molde que ellos mismos habían elaborado artesanalmente, con expectativas personales, y la voluntad de Dios tenía que caber allí para no decepcionarlos. Pero los designios del Padre siempre son muy superiores a nuestros pequeños planes a corto plazo. Ellos estaban frustrados porque Jesús no había actuado según sus proyectos, sus maneras y sus tiempos. Pero los caminos de Dios no son los nuestros; Él conoce los planes que tiene para nosotros: planes de bienestar, con el objetivo de darnos un futuro y una esperanza.

Es muy importante que caminemos con ellos estos once kilómetros y que esta historia sea también nuestra. El camino a Emaús no es un tiempo de respuestas esperables, sino de preguntas inquietantes. El camino a Emaús es una ruta de discusión e incertidumbre, todo necesario y permitido por Dios como parte de un proceso que nos lleva a la revelación de Jesús resucitado. El Señor no los condena: Él camina con ellos. Aun así, son esos tiempos de nuestro discipulado en los cuales, muchas veces, tenemos la sensación de que Jesús no está presente, de que jamás formaría parte de ese tipo de caminos o de esta clase de conversaciones. Pero Él no nos abandona.

La revelación

Jesús está con ellos. ¡Es Él! Pero no se muestra por la fuerza, no lo hace desde una manifestación abierta, sino desde la revelación. Lo tendrán que descubrir al final del camino. Él quiere que lo hagan; el deseo de Dios no es esconderse, sino revelarse. Si quisiera esconderse, no los habría interceptado en el camino. Pero Él se presenta, se cuela entre ellos y quiere mostrarse. Ellos aún no pueden verlo, están en otra sintonía: conversan sobre la muerte cuando Él ya ha resucitado, y le informan a Jesús que Él murió... ¡cuando está vivo delante de ellos! Entonces el Señor convierte ese camino en un aula y vuelve a dar cátedra, como tantas veces lo hizo. Así lo identificó María Magdalena cuando lo descubrió; le dijo: "¡Raboni!", que en arameo significa maestro (Juan 20:16). Jesús continúa con su simulación intencional. Cuando ellos están entrando a su aldea, hace como que sigue su camino. Él no buscaba dejarlos; era solo una prueba para saber si de verdad lo querían lo suficiente como para hacer lo que hicieron. Los dos discípulos reaccionan como lo haríamos todos cada vez que pasamos tiempo con alguien que nos atrapa, que queremos que se quede y nos siga hablando. Ellos están deslumbrados por sus palabras y, de a poco, perciben que en ese hombre hay algo especial.

Así es la revelación: es un camino. Nuestra relación con Dios es creciente y evoluciona. Si nos quedamos en el mismo sendero y escuchamos lo que quiere decirnos, crecerá.

Para que nuestros ojos se abran, deben abrirse nuestros oídos a su voz. La revelación que Jesús trajo a los discípulos fue en tres fases: primero, les abrió las Escrituras; luego, les abrió los ojos; y, por último, les abrió el entendimiento. En medio del viaje, les mostró lo que decían las Escrituras sobre Él, desde Moisés hasta sus días. Pasó por los profetas que lo anticipan, por los Salmos que lo anuncian y por la historia del pueblo que lo espera.

En la totalidad de la promesa estaba claro que el Mesías debía padecer antes de entrar en su gloria. Esto era algo que no podían entender porque no conjugaba con sus esperanzas. El argumento de Jesús fue lo que decía la Palabra: ese es el punto de partida de la revelación. Todas las Escrituras nos hablan del plan de Dios y de la salvación a través del Hijo, del Mesías. La promesa siempre estuvo allí. Ellos no lo sabían, pero estaban parados exactamente en el punto cero de la historia y del proyecto eterno de Dios: entre su muerte y su ascensión, entre la cruz y el trono. Jesús accede, entra en su casa y cena con ellos. Solo necesitó un pan para que la revelación llegase. El Señor lo tomó en sus manos, lo partió y se lo dio. Entonces, sus ojos se abrieron, lo reconocieron... y Él desapareció. Jesús desaparece, pero se les reveló definitivamente: estaba vivo, y sabían que siempre caminaría con ellos.

Los dos discípulos pasaron de haberlo visto sin conocerlo a conocerlo sin verlo nunca más. Ya no necesitarían verlo con sus ojos físicos; por eso, su fe se convirtió en fuego inmediatamente. Ya no serían los ojos naturales los que necesitarían verlo, sino que lo harían a través de los ojos de la fe. Sus corazones, lentos y tardos para creer, ya tenían la velocidad de una fe encendida.

No fue en cualquier momento ni de cualquier forma. Ellos insistieron, lo invitaron, lo obligaron, no lo dejaron ir, lo hospedaron, quisieron estar con Él, lo buscaron con deseo ardiente y, solo entonces, la revelación llegó. Siempre me pregunté qué hubiera pasado si lo hubieran dejado ir y no le hubiesen insistido para que se quedase con ellos. La revelación se encuentra detrás de un corazón deseoso, que obliga, que anhela con intensidad que Dios se revele, que persiste por encontrar a Dios detrás de lo que pasa y que no se conforma con lo que conoció sobre Él hasta ese momento. Por eso, dijeron después: "¿No ardía nuestro corazón cuando conversaba con nosotros y nos explicaba las Escrituras?" (v. 32). Sus corazones habían comenzado a despertarse antes de que Él entrase en su casa y partiese el pan. Cuando Jesús se revela en su mesa, ellos solo reconocieron lo que venía pasando. Su entendimiento se abrió y empezaron a comprender todo lo anterior a partir de la revelación de la persona de Jesús.

No es menor que esto haya sucedido en su hogar y que todo se haya dado a partir del partimiento del pan. El pan no es, en la Biblia, un elemento más; es un símbolo de Cristo. Él es el pan de vida. Su cuerpo se partió por nosotros, y a partir de su quebranto todo es restaurado. La resurrección es posible porque primero sucedió la cruz.

Cada discípulo es parte de su cuerpo: la Iglesia. Jesús promete estar presente cuando dos o más personas se reúnen en su nombre. Esa es una de las definiciones esenciales de la Iglesia.

La vuelta

Ellos no podían guardarse todo eso; el deseo de estar con el grupo de discípulos se volvió irresistible. Nada los detuvo: no importaba que fuera de noche ni les ganaba el cansancio. El impacto de su encuentro con Jesús fue tan grande que regresaron a Jerusalén en ese mismo instante. Cuando un corazón arde apasionado por Dios, se vuelve indetenible; no especula su entrega, porque todo lo que encontró en Cristo siempre será mayor que lo que pueda dar.

Esos once kilómetros de regreso no estaban programados, pero ya no importaba: ¡Jesús estaba vivo y ellos lo habían visto! No tenemos detalles del regreso, pero con seguridad sus conversaciones cambiaron, su actitud fue distinta y su corazón se llenó de alegría. La cantidad de kilómetros fue la misma, pero el viaje se hizo mucho más corto, porque la alegría aligera las cosas, así como la tristeza y la amargura las hacen pesadas.

Ellos no se guardaron lo que sentían; necesitaban comunicarlo a los demás discípulos y estar con ellos. Jesús había desaparecido, pero el desaparecido estaba en acción. No lo verían como antes, pero sabían que había resucitado: su victoria estaba intacta, sus palabras se habían cumplido y actuaría a su favor. Aunque no lo vieran más ni comprendieran todo, Él estaba con ellos, y eso era suficiente. Estaba vivo, había vencido definitivamente y no los dejaría jamás.

Aplicación

La experiencia que vivieron los dos discípulos rumbo a Emaús se parece a varios de nuestros encuentros con Dios en oración. En ellos puede haber muchas palabras, discusiones, conversaciones internas, reclamos... hasta que, en algún momento, todo eso se agota. Y cuando ya dijimos todo lo que teníamos para decir, Él comienza a afirmar su verdad. Dios no se espanta por nuestras expresiones emocionales; Él las entiende, y a veces incluso las motiva con sus preguntas. Es muy común que sintamos que Dios no está presente, o que no lo reconozcamos, porque pensamos que se tiene que manifestar de una forma determinada. Pero Él sí está, como prometió: no nos abandona. Nos escucha y nos acompaña en el camino del dolor y de la desilusión, aunque no actúe como esperamos.

Es un buen momento para preguntarnos: ¿quién camina con quién? ¿Dios camina con nosotros o nosotros caminamos con Él? La diferencia entre las dos frases puede parecer sutil, pero no lo es en nuestra realidad espiritual. Si Él camina con nosotros, entonces nosotros somos quienes definimos el rumbo, marcamos las velocidades y determinamos el destino; nosotros vamos al frente y Él nos sigue. Pero en la vida discipular no somos nosotros quienes vamos delante: vamos detrás. Son los discípulos quienes caminan con Jesús. Esto no es nuevo: Génesis dice que Enoc caminó con Dios, y no al revés. Él es quien nos indica cómo, cuándo y dónde ir.

La revelación de Jesús es algo creciente e inagotable. Nunca podremos decir que ya lo conocemos por completo. Él siempre será el Dios por ser conocido, y nuestros ojos nunca dejarán de abrirse ni de recibir revelación sobre su persona. Siempre habrá un aspecto nuevo de su carácter por descubrir, o alguno ya conocido por profundizar. No podemos enfrascar a Cristo dentro de los términos que ya hemos descubierto de Él; Él siempre será mucho más de lo que llegamos a conocer hasta hoy. Así es la senda del discípulo: va en aumento, hasta que el día sea perfecto, hasta que la luz de su persona y su presencia lo invada todo y disfrutemos de su gloria por toda la eternidad.

Necesitamos vivir en la revelación constante del Cristo resucitado. Como los discípulos de Emaús, podemos hablar de Jesús, enseñar sobre Jesús, predicar acerca de Jesús, cantarle a Jesús... pero vivir nuestras vidas sin ver su gloria ni el poder de su resurrección. Podemos caminar con Él luego de la resurrección, pero vivir como si no hubiese vencido a la muerte. Necesitamos que el Jesús resucitado que amamos se nos revele en nuestra cotidianeidad, y que su poder —el mismo que lo levantó de los muertos— sea parte de nuestro día a día. Posiblemente, nuestra doctrina sea correcta y sepamos que Él vive; pero, aun teniendo la teología adecuada, frente a nuestras circunstancias vivimos como si Cristo no tuviera poder. Caminamos solo con el recuerdo de Cristo en la cruz, y no creemos ni experimentamos que ya no está en la tumba, aunque tengamos esa información.

Entonces, otros nos cuentan, otros lo vieron, otros hablaron con Él... pero nosotros, aún no. Esta es la razón por la que las dudas asaltan con tanta fuerza nuestro corazón cuando necesitamos ver el poder de Jesús en nuestras pruebas. Jesús quiere revelarse con todo su poder en nuestro camino y cambiar la tristeza y la decepción en alegría profunda y comunión con Él y con los demás discípulos. La revelación no es un tema de datos bíblicos o información teórica: es una experiencia espiritual transformadora, de apertura de nuestros ojos y nuestro entendimiento a través de la Palabra. Nuestros ojos deben ser abiertos para vivir en el poder de la resurrección. No se trata solo de ir a Emaús, sino de volver a Jerusalén habiendo estado con Jesús resucitado. El viaje es un poco más largo: no son once kilómetros, son veintidós en total. Comienza y termina en Jerusalén, donde la historia de estos dos discípulos alentará y llenará de alegría a todos los demás. La pasión que despierta la revelación de Jesús es indetenible: no la frena la noche ni la apaga la tristeza. La amargura anterior se vuelve insignificante, y la alegría y el entusiasmo lo irrumpen todo. La vida de aquel que se encontró con el Cristo que venció a la muerte es cambiada radicalmente, y necesita expresar todo lo que le pasó y unirse de inmediato a los demás discípulos. Esto no es una indicación fría y forzada de un código religioso; es una consecuencia directa y apasionada que llega a aquel que invitó al Mesías a su hogar.

Mientras releo este capítulo, le pido a Dios lo mismo que Pablo pidió por los discípulos de Éfeso: "...Pido que el Dios de nuestro Señor Jesucristo, el Padre glorioso, les dé el Espíritu de sabiduría y de revelación, para que lo conozcan mejor. Pido también que les sean iluminados los ojos del corazón para que sepan a qué esperanza Él los ha llamado, cuál es la riqueza de su gloriosa herencia entre el pueblo santo, y cuán incomparable es la grandeza de su poder a favor de los que creemos. Ese poder es la fuerza grandiosa y eficaz que Dios ejerció en Cristo cuando lo resucitó de entre los muertos y lo sentó a su derecha en las regiones celestiales, muy por encima de todo gobierno y autoridad, poder y dominio, y de cualquier otro nombre que se invoque, no solo en este mundo, sino también en el venidero" (Efesios 1:17-21).

¿Cuántas veces Jesús se apareció en tu vida y lo confundiste con algo o alguien que se entromete e interviene, porque lo hace de una forma en la cual no podías reconocer que era Él? ¿Hubo algún momento en tu vida en el cual no entendiste qué era lo que Dios estaba haciendo, y tu corazón se entristeció? ¿En alguna ocasión separaste a Dios de su cuerpo y pensaste que estabas en buena relación con Él, pero lejos —o de espaldas— a su iglesia? ¿Alguna vez tu deseo por Dios te llevó a obligarlo a quedarse, a que no pasara de largo tu casa y tu vida? ¿Cuál es el nivel de tu sed de Dios hoy, de tu anhelo por su persona y su Palabra? ¿Cuáles podrían ser algunos síntomas de que nuestra relación con Dios se está enfriando, y cuáles son aquellas señales de que nuestro corazón está encendido?

PARTE 4

JUAN, EL DISCIPULADO EN EL EVANGELIO DE UN ÍNTIMO

El libro de Juan no solo está al final de los cuatro evangelios, sino que también fue el último en escribirse. Es un evangelio único, muy distinto a los otros tres que encontramos en la Biblia. Más del noventa por ciento de su contenido no aparece en los demás, es propio y especial.

Es el evangelio más íntimo de todos. Narra encuentros personales de Jesús con personas como la mujer samaritana y Nicodemo, con quienes tuvo charlas a solas. A diferencia de los otros evangelios, Juan no pone el foco en el ministerio de Jesús ante las multitudes, sino en lo personal, en la cercanía. Guardó momentos, palabras, señales y conversaciones que no se encuentran en ningún otro lado. Eso hace de su evangelio algo único. Gracias a Juan, tenemos acceso privilegiado a cada momento que Jesús compartió con sus discípulos en su última noche: cada gesto, cada palabra, cada oración. Se siente como si nos contara detalles que revelan más profundamente el corazón del Señor. Sin duda, es un evangelio muy especial.

El estilo de Juan es sencillo, con repeticiones que buscan captar la atención del lector. Pero a la vez, tiene una profundidad que invita constantemente a pensar. Estos dos elementos son fundamentales, sobre todo cuando lo relacionamos con el discipulado y con la manera en que busca despertar en nosotros un seguimiento real de Jesús. Algunas palabras que usa se destacan porque aparecen con más fuerza que en los otros evangelios: vivir, amar, permanecer, verdadero, luz.

En este evangelio, los milagros se llaman señales. Siete de ellas sobresalen especialmente. También hay otras, pero no están contadas en detalle. Las palabras de Jesús que siguen a esas señales funcionan como interpretaciones o aplicaciones de lo que acaba de ocurrir. Tanto las señales como los discursos tienen un mismo objetivo: revelar quién es realmente Jesús. También llaman la atención las veces que Jesús dice "yo soy": el pan de vida, la puerta, la vid verdadera, el camino, la verdad y la vida. Juan le da un lugar muy importante a la divinidad de Jesús, y lo hace con un lenguaje más directo y abierto que los evangelios sinópticos. La divinidad de Cristo está siempre en primer plano. Según Juan, los discípulos vieron su gloria, como la del unigénito del Padre.

Una de las enseñanzas más importantes que aparecen en Juan para los discípulos es la relación entre el Padre y el Hijo. Hay una dependencia constante del Hijo hacia el Padre, que impacta directamente en la vida del discípulo. También se muestra la realidad espiritual de que el Hijo vino a revelar al Padre, y que fue enviado por Él para dar vida al mundo. Esa es la vida eterna: conocer al único Dios verdadero, el Padre, y a Jesús, el que fue enviado por Él (Juan 17:3). La intimidad que plantea Juan es tan grande que los discípulos somos invitados a participar de la vida divina, a ser uno con el Padre y con el Hijo, unidos en amor y en unidad (Juan 17:21-23).

Juan es, definitivamente, un evangelio diferente. Quiere mostrarnos a Jesús de una forma que nos permita conectar con lo más profundo de su corazón. Nos revela aspectos de su carácter, de su obra y de su persona que no aparecen en los otros evangelios. Lo hace desde la mirada de un discípulo que estuvo muy cerca del Señor, tan cerca que, en la última cena, fue el único que estaba recostado junto a Él, tan cerca que Pedro le pidió a él que averiguara quién lo iba a entregar. Juan estaba ahí, al lado de Jesús, más cerca que nadie.

#13 EL DISCÍPULO QUE DUDÓ
(JUAN 20:19-29)

"Una semana más tarde estaban los discípulos de nuevo en la casa, y Tomás estaba con ellos. Aunque las puertas estaban cerradas, Jesús entró y, poniéndose en medio de ellos, los saludó..." (Juan 20:26)

Tomás fue uno de los doce apóstoles elegidos por Jesús, pero la verdad es que no hay mucho escrito sobre él, al menos de forma específica. Se lo menciona entre los doce apóstoles, pero no es un personaje central entre ellos. Juan es el evangelio que se ocupa de registrar algunos detalles más y nos ayuda a conocer un poco mejor el corazón de este discípulo, que estuvo muy cerca de Jesús y con el cual podemos tener una identificación inmediata.

En el evangelio de Juan hay dos momentos especiales y exclusivos que nos describen a Tomás, y que le otorgaron una etiqueta muy difícil de arrancar. Ambos sucesos aparecen unidos en el texto, pero están separados por una semana (Juan 20:19-29). Los dos suceden un domingo, y tanto en uno como en otro aparece Jesús resucitado. Los discípulos se habían encerrado, llenos de miedo, y Jesús traspasa las paredes, se les aparece de pie en medio de ellos y les ministra paz, una de las cosas que más necesitamos cuando nuestro corazón es acechado por el temor. Cuando Jesús termina esta primera escena, pareciera que todas las luces del relato apuntan a Tomás, pero no porque se hubiese destacado en algo, sino por su ausencia.

A pesar de la fama con la que quedó marcado, creo que, a nivel personal, la figura de Tomás es espléndida. Las pinturas, los mensajes, los refranes y la historia lo estigmatizaron como el discípulo incrédulo, pero en realidad no hemos sido tan justos con él. Aunque evidentemente su corazón dudó y no creyó en su momento, también es cierto que a los demás discípulos les sucedió lo mismo. Marcos cuenta que habían venido mujeres, y luego dos hombres que lo habían visto, y ninguno de ellos les creyó; y Jesús les reprochó su incredulidad. En definitiva, ninguno creyó hasta que vio. La diferencia fue que Tomás no estuvo en esa primera noche. Si bien la incredulidad es un pecado fuerte delante de Dios —porque sin fe es imposible agradarlo— no podemos quedarnos solo con eso. El relato nos dice mucho más de este discípulo.

Dídimo

Tomás tenía un apodo: le decían "Dídimo" (Juan 20:24). Esta palabra aramea significa mellizo o gemelo. En aquellos tiempos no había distinción entre estas dos condiciones; gracias al avance de la ciencia, esto ya está más que resuelto. La diferencia está en el proceso de concepción. Hoy sabemos que los mellizos se forman a partir de dos óvulos fecundados por dos espermatozoides diferentes, y que cada uno tiene su propio saco gestacional y placenta. Los gemelos se originan cuando un solo óvulo fecundado se divide en dos embriones en las primeras etapas del desarrollo. Los gemelos son genéticamente idénticos, comparten el mismo ADN, el mismo sexo y, físicamente, son muy similares, casi una copia.

Todo esto parece un dato menor o una simple observación, pero, por favor, no pasemos por alto este rasgo. Es muy posible que, si Tomás llevaba este apodo, no fuera simplemente porque tenía un hermano con el que compartía su fecha de nacimiento. Seguramente Tomás tenía un hermano gemelo. Este tipo de relación es única; resguarda una conexión muy especial, muy difícil de quebrar. Inclusive, si no se desarrolla de una manera sana, puede dificultar otros vínculos importantes. No sabemos tanto de Tomás, pero esta información nos dice algo de él: Tomás tenía un hermano que ocupaba una parte muy importante de su vida, era parte de su alma. No tenemos idea de quién era el otro hermano, pero sí sabemos que Tomás seguía a Jesús. Esto implica que, por más unido que estuviera a su hermano, hubo un momento de renuncia y separación en su vida. De alguna manera, le tuvo que decir no a alguien que era muy querido para él.

Hay una pequeña paradoja cuando Jesús habla de nuestras relaciones cercanas. Cuando Jesús hablaba de esto, enseñaba que él no vino a traer paz, sino división, y que nuestros enemigos pueden ser aquellos que viven en nuestra misma casa. Sin embargo, cuando él nació, los ángeles cantaban que en la tierra habría paz, porque él es el Príncipe de Paz. Necesitamos tener en claro que, cuando el Señor se refiere al discipulado, no está negando la paz que trajo como Mesías y que estableció en la cruz, sino que nos enseña que, cuando queremos seguirlo, nos vemos forzados a posicionarnos y a tomar partido. En realidad, son dos verdades en tensión, dos aspectos que deben ser tenidos en cuenta por los discípulos en un balance equilibrado. La paz eterna que encontramos en Cristo es una realidad espiritual que descubrimos en la cruz y que, a la vez, nos compromete a posicionarnos detrás de él de una manera radical.

Tomás, en algún punto, tuvo que renunciar a la influencia, al apego, a la confianza, a la calidez y a la seguridad que le daba esa unión tan especial. El hecho de seguir a Cristo significa erradicar amores entrañables del centro de nuestra vida. Aunque no sepamos mucho del otro Dídimo, sí podemos comprender que, en alguna medida, Tomás sabía lo que era renunciar a alguien amado.

Lealtad

Jesús estaba en pleno ministerio cuando, de un momento a otro, recibe la noticia de que su amigo Lázaro, a quien amaba, estaba gravemente enfermo (Juan 11:1). Lázaro vivía en Betania, una ciudad ubicada junto a Jerusalén, la capital política y religiosa de la provincia de Judea. Los riesgos de pisar esa zona eran inmensos. La fama de Jesús ya había crecido demasiado y sus opositores estaban al acecho. Visitar Betania significaba quedar al borde de una trampa. Jesús se demora dos días, porque no solo tenía pensado acercarse a la guarida de sus enemigos, sino también provocarlos en su propia tierra, nada más y nada menos que resucitando a Lázaro. Siempre hay intencionalidad detrás de cada paso de Jesús: Él sabía perfectamente que algo así nunca pasaría desapercibido. Lo que sucedería en Betania sería el detonante que lo llevaría a la cruz. La hora estaba cerca.

Los discípulos no comprenden, desconocen su motivación y objetan su decisión. No querían volver a esas tierras porque ya habían estado allí, y en aquella ocasión habían intentado apedrearlo. Le insisten: "¿Otra vez vas a ir?". Jesús les dice que Lázaro duerme y que va a despertarlo. Los discípulos le responden que lo deje dormir, para que así se recupere. No comprenden, y el Señor es mucho más claro: "Lázaro ha muerto, y me alegro por ustedes de no haber estado allí, para que crean. Vamos a verlo". Imaginemos el silencio que se produjo después de esa frase. Los riesgos para Jesús en esa región eran enormes; su cabeza tenía precio. En ese momento, el único que habló fue Tomás. Les dijo a los otros discípulos: "Vayamos también nosotros, para morir con Él". Lealtad.

Tomás es un hombre que demuestra que no necesita entender todo, ni siquiera estar de acuerdo con todo… ¡Él va! Y lo hace porque es discípulo, lo hace porque pertenece a Jesús. Fuimos llamados a ser discípulos leales, a ser fieles hasta la muerte, incluso en las cosas más pequeñas de la vida, a ser fieles en lo poco. Sin dudas, a Tomás no le agradaba en lo más mínimo la idea de morir en manos de los romanos en Jerusalén, pero si Jesús lo dice, entonces hay que ir. Hay que seguirlo, no hay que abandonarlo. Hay que intentarlo.

Honestidad

Es la última noche con ellos antes de la cruz. Él mismo les lavó los pies, cenaron juntos; les dijo que uno de ellos lo entregaría y le advirtió a Pedro que, antes de que cante el gallo, lo negaría tres veces. Ahora Jesús los abraza con sus palabras y les dice que no se angustien, que confíen en Él y en el Padre, que iba a prepararles un lugar en la casa del Padre y que volvería para llevarlos con Él. Era un momento muy especial y pastoral del Señor, confortando el corazón de los discípulos. Termina diciendo: "Ustedes ya conocen el camino para ir donde yo voy". En ese mismo instante, Tomás interrumpe la ministración de Jesús y le dice, sin vueltas: "Señor, no sabemos a dónde vas, así que, ¿cómo podemos conocer el camino?" (Juan 14:5). En otras palabras, mientras todos estaban recibiendo emocionados las palabras de Jesús, salta Tomás, levanta la mano —desconectado de lo que los demás estaban viviendo— y dice: "Señor, Señor, perdón que corte el momento. Te estaba escuchando y entendiendo todo, pero lo del final no tiene sentido, porque no sabemos ni siquiera a dónde vas. ¿Cómo vamos a conocer el camino? ¿De qué estás hablando?".

Personalmente, me gustaría haber visto las reacciones de todos en ese momento. Solo me imagino a Jesús, que conocía muy bien a Tomás, sonriendo bajo, con los ojos cerrados y los dedos en la frente; y a los discípulos, aterrizando del tercer cielo, reclamándole a Tomás con la mirada, pidiéndole que no volviera a romper el momento. Tomás es lo que muestra y muestra lo que es. Él es honesto. No tiene problemas en preguntar lo que sea, aun tomando el riesgo de quedar en ridículo. Esa actitud revela que su corazón era transparente y sincero. Una de las cosas que más provocó a Jesús fue la hipocresía; sencillamente no la soportaba. Fue capaz de ser amigable con publicanos y prostitutas, pero hubo momentos en los que fue hostil con aquellos que decían una cosa y vivían otra. La iglesia, cuando entiende mal el mensaje de Jesús y su discipulado, termina convirtiéndose en un lugar de apariencias.

Las personas honestas son genuinas, francas y desean solo agradar a su Maestro. La mayoría de las veces, muchas de las caretas que usamos revelan que, en realidad, no estamos siguiendo a Jesús, sino a la gente; nos importa demasiado lo que los demás dirán, nos interesa mucho la aprobación de las personas. Esto no quiere decir que no nos importe el prójimo, ni pretendo avalar actitudes incorrectas. Simplemente veo que, si somos discípulos, seguimos a alguien que se enfureció con la hipocresía de la religión y amó a los corazones honestos.

Vivencial

Tomás es un discípulo que necesita experimentar personalmente las cosas. No le sirven las vivencias prestadas ni los testimonios tercerizados. Tomás no es un teórico: él necesita verlo, quiere vivirlo, no se conforma con menos. Es el reflejo de alguien que lo dejó todo para estar con su Señor.

Jesús se presenta la misma noche que resucitó a los discípulos, y Tomás no estaba (Juan 20:24-25). No sabemos por qué, pero no estaba allí. Cuando los otros discípulos le cuentan lo que sucedió, él dice que, hasta que no vea sus manos y meta sus dedos en el lugar de los clavos y en su costado, no creerá. Él es honesto con lo que piensa. Los días pasan y Tomás no se aparta, no vuelve con su hermano, no se va, porque es leal. Ama tanto a Jesús que no se imagina una vida sin Él. A Tomás no le alcanza ni le sirve lo que le dice Pedro o cualquiera de los otros nueve. Él es práctico: necesita vivirlo personalmente. Pasó una semana, y esta vez sí estaba, y lo encontró, porque con personas así Dios se aparece. Me conmueve que Jesús sea capaz de volver, cuando ya había estado con ellos, y lo hace por Tomás. Los saluda a todos, pero habla directamente con él, porque, en el fondo, a este discípulo no le bastaba con la teoría: era un buscador, quería experimentar a Jesús de primera mano.

Tomás creyó, y al final pronunció cinco palabras que comenzaron a construir la doctrina histórica de toda la Iglesia. Él dijo: "Señor mío, y Dios mío". Jesús era su Dios, no solo el de otros, sino su Señor y Dios personal.

Aplicación

No tendríamos que escarbar mucho para encontrar cuáles son las personas, cosas o costumbres que forman una parte esencial de nuestra vida y de las cuales nos costaría separarnos. Son las primeras que elegimos y las primeras que aparecen en nuestra mente. Hay tendencias en nuestros corazones, caminos y relaciones a los que vamos casi de memoria, porque los amamos; pero muchas no son compatibles con Cristo o no lo son con el discipulado, si ocupan el lugar que le pertenece. Con el tiempo, nos volvemos expertos en buscar caminos para compatibilizar a Cristo con aquello que amo más que a Él, y disimulamos nuestra renuncia. Pero Jesús insiste y nos dice en pocas palabras: "Si no me amas más a mí, no eres digno de mí" (Mateo 10:37).

El camino de un discípulo está plagado de atajos y senderos alternativos que amenazan tu fidelidad. Cuando Jesús se enojó con los fariseos, a quienes llamaba hipócritas, una de sus frases más fuertes fue "generación adúltera", precisamente señalando su falta de fidelidad. No es posible construir un discipulado planteando una relación con Cristo desleal, con abandonos reiterados y sin permanencia. El discipulado auténtico es noble, honrado y comprometido con la causa de aquel que lo llamó.

El discipulado cristiano no acepta experiencias prestadas. Es un ecosistema de buscadores, compuesto por aquellos que no se conforman con poco y que no alimentan su relación con Cristo a través de lo que otros viven. No se rinden fácilmente: un discípulo es alguien que insiste, que no se rinde y que sabe que su Señor se presentará y se revelará personalmente.

¿Quién es aquella persona a quien más amas? ¿Quién es aquel de quien no te separarías porque es parte esencial de tu vida y arrastraría tu corazón de manera especial? ¿Qué o quién desafía tu entrega completa a Dios? ¿Podrías enumerar aquellas cosas que más amas en la vida? ¿Podrías recordar algún momento en el cual estuvo en juego tu lealtad hacia Dios? ¿Hasta qué punto llegaste en tu vida cotidiana para no manchar tu honestidad? ¿Qué personas admiras por su espiritualidad? ¿Alguna vez pensaste que las experiencias con Dios que vivían otros jamás podrían ser para ti? ¿Por qué?

#14 EL LAVADO DE PIES

"así que se levantó de la mesa, se quitó el manto y se ató una toalla a la cintura. Luego echó agua en un recipiente y comenzó a lavarles los pies a sus discípulos y a secárselos con la toalla que llevaba a la cintura." (Juan 13:4-5)

El Evangelio de Juan tiene 21 capítulos. Inspirado por el Espíritu Santo, el apóstol invierte 12 de ellos en relatar el ministerio de Jesús durante tres años; los últimos cuatro los dedica a narrar la crucifixión, la muerte, la resurrección y la aparición de Jesús a sus discípulos, en un lapso de unos cuarenta y tres días. Los cinco capítulos restantes, que se encuentran entre estas dos secciones, los utiliza para contar lo que sucedió entre Jesús y sus discípulos durante solo algunas horas. La mayoría de estos acontecimientos tienen lugar en un aposento alto. Jesús había buscado un espacio para tener un último tiempo exclusivo e íntimo con ellos, y estar con sus discípulos hasta el final: "los amó hasta el fin" (13:1).

El Señor deseaba estar con ellos esa noche y compartir esa cena. Todavía estaban los doce: estuvo en la mesa con quien lo entregaría, con quien lo traicionaría y con todos los que lo abandonarían. Y, a pesar de saber que en pocas horas estaría solo en la cruz, disfrutó esa noche con ellos y no dejó de enseñarles, porque los amó hasta el último instante. Además, esa cita tenía un objetivo que iba más allá de la comida: era una cena íntima con el propósito de dejar grabadas en su memoria algunas claves fundamentales del discipulado. Juan lo revive en su relato y nos permite ver qué pasó en esa mesa.

La clave del servicio

Esto sí que fue inesperado e incómodo para todos. No correspondía. Quien lo estaba haciendo no era la persona indicada; quienes tenían a cargo esa tarea eran esclavos o personas designadas para esa labor. Los discípulos estaban nuevamente perplejos —como tantas veces lo habían estado— y, seguramente, se preguntaban otra vez qué quería decirles con todo eso. Ya sabían que Jesús no hacía nada al azar, y menos algo así. Era tan extraño que el más temperamental de ellos manifestó su desacuerdo, protestó ante la insinuación del Maestro y le impidió que le lavara los pies. Hasta que entendió que simplemente debía hacerlo porque Jesús se lo solicitaba, porque era necesario que sucediera de esa manera para estar de su lado, para tener parte con Él, para ser uno de los suyos. Finalmente, accedió.

Lucas, en su evangelio, nos cuenta que los discípulos habían entrado en una acalorada discusión sobre quién de ellos sería el más importante, y Jesús tomó un niño para explicarles que, en el reino que Él venía a establecer, las cosas eran muy distintas; que, bajo los parámetros del reino de los cielos, el mayor es el más pequeño. No lo comprendieron y dejaron ver de nuevo sus ansias de poder cuando discutieron otra vez sobre el mismo tema en medio de la última cena. Jesús tuvo que apagar esos intereses diciéndoles que los reyes de este mundo oprimen a sus siervos, pero que no debía ser así entre ellos, sino que el mayor debía comportarse como el menor, y el que manda, como el que sirve.

Esos esquemas de liderazgo terrenal no podían estar en el corazón de sus discípulos, porque no eran compatibles con los del reino de Dios. Jesús les dio una enseñanza con un ejemplo de humildad y servicio que no se borraría jamás: Él estaba entre ellos como el que sirve. Jesús se levantó de la mesa —los siervos no se sentaban a la mesa a comer—, salió de ese lugar de comodidad y de privilegio. Cuando el Señor dio ese paso, no se puso en posición de víctima ni tuvo una crisis de identidad. Él sabía que el Padre había puesto todas las cosas bajo su dominio, y que había salido de Dios y a Él volvía. Con toda la gloria que eso significaba, estaba plenamente consciente de su grandeza cuando tomó la decisión de ocupar el lugar del más bajo de los siervos. Esto explica un poco más la reacción de Pedro. El Señor sabía que, en muy poco tiempo, estaría sentado a la diestra de Dios, es decir, en el lugar de más alta autoridad, gloria y poder. Y aun así, con eso en mente, se quitó el manto y se dispuso a lavar los pies sucios de sus orgullosos discípulos con las mismas manos en las que el Padre había puesto todo el dominio.

Los caminos no eran asfaltados, y los hombres usaban sandalias abiertas que no los protegían de la suciedad del suelo. Era normal que los pies tuvieran polvo, arena o barro, y que fuera incómodo entrar a una casa y sentarse a comer de esa manera. Los anfitriones siempre tenían a un siervo —el de menor importancia— en la puerta para ocuparse de esta tarea. De hecho, era una descortesía invitar a alguien a cenar sin tener en cuenta este detalle. Los discípulos llegaron al lugar, comenzaron a acomodarse en la mesa baja, en forma de U. No se sentaban, sino que se reclinaban casi acostados sobre uno de sus lados, con los pies hacia afuera. No había en el aposento alto un siervo que lavara los pies. Todos los elementos estaban disponibles para quien quisiera hacerlo, pero ninguno de ellos quiso ensuciarse las manos. Era demasiado humillante. Hasta que ocurrió lo inesperado: el Señor se puso de pie, tomó lo que nadie quería agarrar y, con la toalla en la cintura, comenzó a lavarles los pies uno por uno.

Solo imaginemos la escena completa: Jesús lavándoles los pies a cada uno, todos en silencio... ¿Cuánto tardó? ¿Qué pasó por los corazones de los discípulos? Las manos de Jesús tocando sus pies sucios, volcando el agua, ocupándose de secar cada pie, a cada uno de ellos. ¡Impactante! ¡Una lección inolvidable! Ese es el liderazgo que enseñó Jesús: el más alto de ellos debía estar a los pies de los demás. La grandeza en el reino de los cielos no tiene que ver con líderes enconados en la cima del éxito, lejos de la gente, con mirada arrogante de superación y cuidando la parte del poder que supieron ganar. En el reino de los cielos es exactamente al revés: la autoridad pasa por el servicio, el amor y la humildad.

Esto fue un golpe enorme a las intenciones encubiertas que invadían los corazones de los discípulos, a sus anhelos de poder, a sus deseos incisivos de ocupar lugares importantes en un reino muy distinto al que Jesús vino a establecer. Los discípulos son la comunidad de la vasija y la toalla, de quienes lavan los pies de la gente, de quienes sirven con un corazón humilde, de quienes aman sacrificialmente.

La clave del ejemplo

Cuando Jesús les lavó los pies a los discípulos, no les dejó un rito para que fuera repetido, aunque eso no está mal si nos ayuda a recuperar su enseñanza. Lo central no está en la reiteración de un acto, sino en el significado del mismo, rescatando esencialmente el principio que está detrás y no quedándonos solo con la escena. Él nos dejó un ejemplo a seguir que debe ser imitado. La imitación es parte del discipulado: lo que vemos en Él es lo que debemos hacer en nuestra realidad actual. Él dijo: "Les dejé un ejemplo, para que hagan lo mismo que yo hice con ustedes" (v. 15).

La voluntad de Dios es que sus hijos lleguen a ser como Cristo; el Padre quiere que nos parezcamos a Él. Por lo tanto, la mayor aspiración de un discípulo es alcanzar la estatura de Cristo, llegar a ser como el Señor en todos los aspectos de la vida. Juan, en su primera carta, escribe: "El que dice que permanece en él, debe andar como él anduvo" (1 Juan 2:6). Esto habilita una pregunta constante en el corazón de cada discípulo: ¿qué haría Jesús en mi lugar en cada situación?

Por otro lado, esta apreciación de Jesús pone en manos de los discípulos un grado alto de responsabilidad. Ellos serían los encargados de hacer otros discípulos, de formarlos, de acompañarlos y de ser instrumentos en las manos del Espíritu para el crecimiento de futuros seguidores de Jesús. Cuando nuestro corazón está bien posicionado en Cristo y es humilde, no debemos tener reparos en ser una referencia de Cristo para otros. Obviamente, no somos nosotros mismos, sino que es Cristo en nosotros. Lo que sí somos nosotros es un reflejo de Él en esta tierra: para aquellos que aún no le siguen y para aquellos que le siguen y necesitan un discipulador. Con este espíritu, Pablo les escribió a los discípulos de la ciudad de Corinto: "Sean imitadores de mí, como yo lo soy de Cristo" (1 Corintios 11:1).

Todos somos seguidores de Jesús, pero Dios creó una familia, una comunidad de discípulos. A eso se refería el Señor cuando, después de lavarles los pies a todos, expresó: "Ustedes también deben lavarse los pies los unos a los otros... el siervo no es mayor que su Señor". No se trata de rangos o jerarquías terrenales: quien discipula a otro es alguien que le enseña a lavar los pies de los demás, haciéndolo primero. Por ese lugar pasa la autoridad en el Reino de los cielos.

La clave de la obediencia

Cuando llega el turno de lavarle los pies a Pedro, él reacciona y dice literalmente: "Señor, ¿me vas a lavar los pies a mí?" (v. 6). Siendo quien eres, y siendo yo quien soy, ¿vas a ocupar la posición del más bajo de los siervos? Jesús le responde y le dice que había un principio detrás de esa acción que él no tenía la capacidad de ver ni entender en ese momento, pero que después lo comprendería. Pedro le dijo: "¡No me vas a lavar los pies jamás!".

En una lectura rápida, podríamos pensar que, al fin, uno de ellos está comenzando a reaccionar con humildad. Pero no fue así. Esa protesta de Pedro no es otra cosa que orgullo disfrazado. Con esto mismo en el corazón, hay muchos discípulos que no quieren que les sirvan; se valen por sí mismos, no quieren dar la imagen de que necesitan de otros. El Señor le había dicho que lo entendería después. Esas palabras deberían haber sido suficientes para que se callara y se dejara lavar los pies, pero no fue así. Pedro quiere controlar la situación y mostrarle al Señor cómo deben hacerse las cosas.

Frecuentemente, nos pasa que queremos intervenir en la voluntad de Dios con mejores propuestas, porque, en el fondo, no estamos de acuerdo y queremos mejorar su guion. No lo expresamos directamente, pero lo demostramos con nuestra falta de mansedumbre al no aceptar la voluntad de Dios cuando no entendemos lo que Él está haciendo.

Pedro lo llama Señor, pero no hace lo que Él le pidió que hiciera. Es renuente a su voz y se resiste a obedecer. Detrás de la rebeldía que esconde nuestro corazón, siempre encontraremos orgullo e intereses personales. Una vez que Pedro se da cuenta de que el lavado lo beneficiaría en el Reino, entonces le pide al Señor que no solo le lave los pies, sino que le lave todo el cuerpo. En un segundo, el apóstol pasa de la resistencia al desborde. Porque la actitud con la cual respondemos a los mandamientos de Dios revela el fondo de nuestro corazón.

Jesús no solo era un maestro que les daba lecciones espontáneas de vida; Él era el Señor. Después que terminó de lavarles los pies a todos, dijo: "Ustedes me llaman Maestro y Señor, y dicen bien" (v. 13). Él era ambas cosas, pero, sobre todo, Señor. Y este aspecto de su carácter implica obediencia.

Jesús estaba llevando a sus discípulos a un compromiso mayor, que involucraba amar a los demás con un estilo de vida de servicio. Pedro seguía a Jesús, pero, de alguna manera, estaba siendo selectivo: elegía aquellas áreas en las que su compromiso congeniaba mejor con su comodidad y eludía aquellas que pudieran resultar incómodas o incomprensibles, y que exigieran fe y obediencia. La demanda de Jesús es radical. Su señorío sobre Pedro comprende una obediencia plena, completa, sin objeciones e inmediata.

El señorío de Jesús y el discipulado al que nos llamó jamás estarán desvinculados. No tenemos la libertad de editar o manipular lo que Él nos envía a hacer, ni de aceptar lo que nos parece bien y rechazar lo que no nos gusta. La tarea de un discípulo no es evaluar los mandatos para ver si le son convenientes según su paladar. Jesús termina el momento del lavado de pies diciendo: "Dichosos serán si lo ponen en práctica" (v. 17). Y en ese punto está el secreto: no solo en recibir la información que debería ser ejecutada, sino en llevarlo todo a la práctica. El Señor todavía sigue preguntándonos: "¿Por qué me llaman 'Señor, Señor' y no hacen lo que les digo?". Confesarlo Señor sin obedecerle es equivalente a construir una casa sobre la arena, que tarde o temprano será derribada; pero quien lo ama, su palabra guardará y permanecerá.

Aplicación

La dimensión del amor de Jesús que muestra este relato es impresionante. Estuvo con ellos, cenó a su lado, les enseñó con el ejemplo, les tuvo paciencia, los respetó, los desafió y los abrazó con sus palabras. Ya no estaba entre las multitudes ni volvería a ellas: estaba a punto de ir a la cruz y retornar a la gloria con el Padre. Pero antes de eso, estuvo con ellos, con los suyos. Deberíamos recuperar la realidad de que, si somos discípulos, pertenecemos a Él; somos de Cristo y nada nos puede arrebatar de sus manos. Su amor es eterno y nos amará hasta el fin. Nuestra respuesta más práctica es nuestro discipulado comprometido en acción. Tanto el amor como el servicio a Él —sirviendo a los demás— es una cualidad indispensable que nos distingue como sus seguidores. La obediencia es el otro aspecto central: Él es Señor si lo vemos plasmado en nuestra vida diaria. Debemos renunciar al señorío de nuestras vidas para entregarlo en sus manos y confiar en que su voluntad siempre será lo mejor para nosotros. Hay situaciones que no comprenderemos de entrada; hay otras que entenderemos después, y algunas quedarán escondidas en la soberanía del Padre. Lo importante es confiar. Si Él nos pide los pies para que sean lavados, necesitamos actuar de acuerdo a su pedido y no siguiendo nuestro parecer individual, el cual muchas veces revela egoísmo, orgullo y rebeldía.

La Iglesia es una familia de personas que siempre necesitarán lavarse los pies. De hecho, en este preciso momento, nuestros pies están cansados, sucios y desgastados por el mismo camino de la vida y el discipulado. Necesitan ser lavados, necesitan ser ministrados. El Espíritu del mismo Jesús que les lavó los pies a los discípulos está dispuesto a actuar a través de otros discípulos que están a tu lado. Eso requerirá de un ambiente de humildad y servicio. Sin estas dos características, es imposible que se dé. Mientras le lavamos los pies a otros, estamos siendo siervos como Él. Mientras nos dejamos lavar nuestros pies, también nos parecemos a Él: humildes. Una vez que nuestros pies están limpios, ya estamos preparados para la mesa, para estar con Él, para que nos hable y nos revele todo lo que tiene para decirnos, a fin de poder andar como Él anduvo.

¿Cuándo fue la última vez que le lavaste literalmente los pies a otra persona? ¿De qué manera podríamos lavarle los pies a alguien sin tener el mismo corazón de Jesús? ¿Cuáles son las formas en las cuales impedimos que Jesús nos lave nuestros pies? ¿Qué contrastes hay entre el liderazgo que el sistema de este mundo nos ofrece y el que Jesús nos enseñó en el aposento alto?

VERSÍCULOS DE APOYO
LUCAS 22:24-30 / LUCAS 9:46-56 /
JUAN 15:13-17 / LUCAS 7:44 / LUCAS
6:46-49 / JUAN 14:23.

#15 LA ÚLTIMA ORACIÓN CON ELLOS

(JUAN 17:1-26)

"A los que me diste del mundo les he revelado quién eres. Eran tuyos, tú me los diste y ellos han obedecido tu palabra. Ahora saben que todo lo que me has dado viene de ti..." (Juan 17:6-7)

Todavía no habían cruzado el torrente de Cedrón, una especie de canal que se llenaba de agua solo después de las lluvias fuertes del invierno. Era un paso obligado para llegar al huerto de Getsemaní. Los momentos que viven Jesús y sus discípulos son tan cercanos como sensibles. Jesús hace esta oración en algún punto entre el aposento alto y el lugar donde sería arrestado.

Juan ya nos permitió entrar al lugar donde cenaron, presenciar el lavado de pies, escuchar a Jesús hablándoles de la prioridad del amor como un nuevo mandamiento, de la necesidad de su partida para que el Espíritu Santo viniera y los ungiera para ser el tipo de discípulos que su causa requeriría. Les dijo que Él era la vid verdadera y que necesitarían permanecer en Él, porque separados de Él no podrían hacer nada. Después de que Jesús les habló todo lo que necesitaba decirles, Juan nos dice que "dirigió la mirada al cielo y oró así: Padre...". Todo lo que sigue después es una oración íntima del Hijo con el Padre, delante de sus once discípulos.

Juan 17 es un capítulo excepcional. Los cuatro evangelios registran que Jesús pasaba noches enteras orando, que se retiraba a lugares desiertos para orar en soledad. Sabemos que lo hacía, pero no sabemos qué oraba, qué decía, qué le pedía al Padre en esos momentos o cómo era su trato con Él. No tenemos registro de las largas oraciones ni de su contenido. Hay apenas algunas partes que quedaron escritas, pero son muy breves. Por eso esta oración es tan especial: no solo por el momento clave que la envuelve, sino porque nos permite conocer un poco más de la intimidad de Cristo con el Padre.

Jesús ora por él

Todos, menos Judas, estaban con Él. Esta vez, Jesús los hace parte: ellos están escuchando lo que Jesús ora, y todo, en forma directa o indirecta, tiene que ver también con ellos. Aunque pareciera que, a esta altura, ya tienen más claridad —especialmente cuando escucharon que Jesús confirmaba la revelación que Pedro había expresado: "Tú eres el Cristo, el Hijo del Dios viviente"—, todavía no llegaban a entender la grandeza y el alcance de esas palabras. La revelación de quién es Jesús, de dónde vino y a quién vuelve, de su gloria y lo que haría, todavía no estaba asentada en el corazón de los discípulos.

No es descabellado pensar que Cristo oró por sí mismo. La pequeña parte que nos quedó de su oración en Getsemaní nos señala que, en su interior, había una intensa lucha por hacer la voluntad de Dios. Mateo dice que, en esa oportunidad, el Señor les comentó a Pedro, Jacobo y Juan que era tal la angustia que lo invadía, que se sentía morir. Luego se alejó un poco más, se postró sobre su rostro y le pidió al Padre que, si era posible, pasara de Él esa copa, pero que no se hiciera lo que Él quería, sino la voluntad del Padre (Mateo 26:39). Esta misma oración la hizo tres veces. Luego levanta a todos sus discípulos y les dice que la hora había llegado.

En muchas ocasiones Jesús había dicho que aún no era el tiempo. Varias veces había pedido que guardaran reserva con ciertos milagros. Había un momento exacto, un tiempo definido para ir a la cruz. La oración de Jesús en Juan 17 comienza igual: "La hora ha llegado". Se aproximaban los momentos cumbres de la redención; sucedería lo que fue planificado desde la eternidad. Jesús es el Hijo de Dios; necesitaba ser glorificado para que el Padre fuera glorificado en Él, y para que la humanidad tuviera vida eterna. Y esa vida eterna consistía en que conocieran al único Dios verdadero, y a aquel a quien el Padre había enviado. Ellos estaban escuchando la oración del Mesías prometido y esperado. Estaban delante del Salvador, presenciando una conversación íntima entre el Hijo y el Padre: una audiencia única e incomparable.

Jesús ora por los apóstoles

Las palabras de Jesús dan un giro intencional y, a partir del versículo cinco, se dirigen a sus discípulos. Es la sección más extensa, y Jesús muestra un interés particular por ellos. Cada uno de los discípulos es un regalo del Padre al Hijo; Dios Padre, desde su lugar de autoridad, decide poner en las manos de Jesús a aquellos que le seguirían. Ahora, Jesús ora por ellos y pide protección. No está orando por el mundo, aunque amaba a la humanidad y vino a salvarla. Sin embargo, esta no era una ocasión para orar por eso; era una reunión íntima con los suyos, en la cual Jesús quería que supieran que los amaba y los amaría hasta el fin. No son las multitudes, ni los seguidores interesados: son los once, solo ellos. Es una petición exclusiva y selectiva de Jesús al Padre.

Jesús sabía perfectamente lo que vendría, lo que sufriría y también lo que sucedería con sus discípulos. Ellos necesitaban entender que, aunque en las próximas horas él no estaría presente físicamente, su amor no estaría ausente. Jesús sabe que se va y ellos quedan. Mientras estuvo con ellos, él mismo, con su poder y autoridad, los cuidó. Pero en unas horas descendería a lo profundo de la tierra por tres días, y ahora le pide al Padre por la seguridad de aquellos que puso en sus manos. El amor de Jesús por los suyos es inmenso; su amor por cada discípulo es eterno. Los discípulos no son para él simples aprendices independientes que reciben información para la vida. El discipulado, para Jesús, no es solo una demanda para aquellos que deciden seguirlo; es un compromiso personal de amor de su parte. El corazón de Jesús está plenamente comprometido por amor a ellos. No los abandonará, ni siquiera en ese pequeño lapso de tiempo.

El Señor sabía que ellos quedaban en un mundo que no los entendería, que los rechazaría, que sería hostil y los perseguiría. La tradición nos enseña que, salvo Juan, todos los demás fueron mártires; todos entregaron su vida por la causa de Cristo. Además, los días posteriores a su muerte no serían fáciles. Más allá de que el Señor les había dicho que resucitaría, ellos sufrirían con dolor y soledad su ausencia, y volverían a su vieja vida. Jesús le pide al Padre que los refugie del desaliento, que los guarde de la tristeza. Es una oración en la que el Señor pide que experimenten su gozo en plenitud, en medio de todo lo que les sucedería. La compasión de Jesús es tan grande que, a horas de pasar por la cruz y ser humillado de la forma más indigna, está intercediendo por el bienestar de sus discípulos. Lo necesitarían, porque el mundo los odiaría, como lo hizo con su Maestro.

Hay un enlace directo entre obedecer la Palabra de Dios y las reacciones que esto puede provocar en el mundo. El sistema ideado y manejado por Satanás reacciona ante el avance del Reino de los Cielos. Esto es inevitable. Los discípulos estaban en el mundo, pero no pertenecían a él, como cada generación de discípulos en los tiempos que les toca vivir. Esto puede llevar fácilmente al odio hacia aquellos que decidieron obedecer y seguir a Jesús. Porque los discípulos de Jesús no piensan como el mundo, no hablan como el mundo, no comparten los valores del mundo, no actúan como el mundo pretende, no buscan lo que el mundo desea, porque no comparten los mismos criterios ni propósitos que este mundo propone.

Todo esto puede resultar provocador, no será entendido y, muchas veces, ocasionará rechazo. Pero nuestro gozo no se encuentra en la aceptación que este mundo nos dé, sino en la plenitud del gozo que trae la obediencia y el amor eterno del Padre. El mundo presionará constantemente a la comunidad de discípulos, porque quiere darnos su forma. Por eso, siempre necesitamos ser transformados por medio de la renovación de nuestra mente. Esta intercesión de Jesús llega a todos los rincones de la iglesia en todos los tiempos. Charles Spurgeon decía: "La razón por la que la iglesia tiene tan poca influencia sobre el mundo es porque el mundo tiene demasiada influencia sobre la iglesia". Lo único que esto permite es que la comunidad de discípulos —la iglesia— se vuelva irrelevante. A veces pareciera que el mundo se introdujo en la iglesia y la evangelizó con una nueva noticia que ofrece un compromiso liviano, lejos del Reino que Jesús vino a establecer.

Cuando Jesús ora por los once discípulos, está orando por el liderazgo de la iglesia. Le pide a Dios que sean uno, en cualquier circunstancia y bajo cualquier tipo de presión. Y le pide que lo sean con el mismo compromiso y profundidad con los que el Padre y el Hijo son uno. La unidad del cuerpo de Cristo es una realidad en él, pero debe ser cuidada y valorada.

La fe de estos discípulos todavía es débil, inmadura y temprana, pero el Señor hace una petición más en esta sección: "Santifícalos en tu verdad; tu palabra es verdad" (v.17). Jesús le está pidiendo al Padre que los santifique. No son ellos, sino el Padre quien lo hace, y la santificación llega a partir de la Palabra. El deseo de un discípulo auténtico es una permanente santificación, un perfeccionamiento continuo a la imagen de Jesús. Pero nuestra santificación está directamente relacionada con la cantidad de tiempo de calidad que pasamos frente a la Palabra de Dios, dejando que ella nos transforme. Ella es el instrumento primario de santificación. La Palabra destruye nuestros hábitos pecaminosos y deshace los patrones de pensamiento contrarios a la voluntad del Padre, que afectan nuestra forma de vivir.

A esta altura, Jesús ya les había estado hablando durante más de tres horas y había estado con ellos más de tres años comunicándoles las verdades del Reino. Lo escucharon hablar, enseñar, y algunos de ellos anotaron sus frases. Él admite delante del Padre que ellos obedecieron sus palabras (v.6) y les pedirá, antes de ascender al cielo, que hagan otros discípulos enseñándoles que guarden todas las palabras que él les enseñó. La base del discipulado se encuentra exactamente ahí: en escuchar y obedecer. Jesús ya se los había dicho: "Mis ovejas oyen mi voz, yo las conozco y ellas me siguen" (Juan 10:27).

Jesús ora por todos sus discípulos

No es extraño que Jesús orara por sus discípulos: el Padre se los había entregado y Él los había tenido a su lado hasta ese momento. Lo que resulta realmente sorprendente es que Jesús comience a interceder, en los últimos seis versículos, por cada uno de los que habrían de creer en Él por la predicación de ellos. El pedido del Señor al Padre nos alcanza y cubre a todos los discípulos de todas las épocas y de todos los lugares del mundo que conforman su Iglesia.

La idea que sobresale inmediatamente al leer este fragmento de la oración es la de unidad. Jesús ya había anticipado esto en la sección anterior (v.11), pero en esta parte se intensifica: lo pide tres veces y, en la última de ellas, ruega para que el Padre nos permita alcanzar la perfección en la unidad. Hay dos aspectos que se originan a partir de esto y que son esenciales al discipulado. El primero es que a Cristo no se lo sigue en soledad: se lo sigue con otros. El Señor no eligió a un solo discípulo. Fuimos llamados por el Hijo a ser hijos de un mismo Padre, a convivir con otros hermanos de esta familia que Él logró mediante su sacrificio. En segundo lugar, seguir a Cristo con otros es más que simplemente compartir con alguien que eligió seguir a la misma persona que yo: es unidad en amor.

El mayor aspecto a tener en cuenta en el cuidado de la unidad de la Iglesia es el amor fraternal, el amor no fingido. Él también les había dicho: "En esto conocerán todos que son mis discípulos, si se aman los unos a los otros" (Juan 13:35). Jesús lo anuncia como un mandamiento nuevo. El problema con esta "novedad" es que dicho mandamiento ya existía en el Antiguo Testamento: el mismo Jesús resume la ley en dos mandamientos que tienen que ver con el amor a Dios y al prójimo, y que aluden al viejo pacto. Lo nuevo de este mandamiento no es que nunca haya sido mencionado en la Biblia, sino el estándar que Jesús pone delante de nosotros para amarnos: "Así como yo los he amado, también ustedes deben amarse" (Juan 13:34). El amor, definitivamente, es el cimiento de la unidad y un rasgo esencial del discipulado.

Jesús no solo ora por la unidad de la futura Iglesia, sino también por la calidad de esa unidad. Es una unidad que debe guardar semejanza con la unidad entre el Padre y el Hijo. Él mismo dice: "Que todos sean uno. Padre, así como tú estás en mí y yo en ti, permite que ellos también estén en nosotros, para que el mundo crea que tú me enviaste" (v.21). Cristo no solo pide por la unidad que tenemos en Él —eso ya es un hecho, porque en Cristo somos un solo cuerpo, somos uno—, lo que Él está pidiendo es que su Iglesia pueda reflejar la unidad que ya poseemos en Él. Hay una relación directa entre la unidad que la Iglesia exhibe y la credibilidad de su mensaje. La unidad es necesaria para que el mundo crea que el Padre envió al Hijo. Si lo que el mundo ve son peleas, celos, divisiones y falta de perdón, será muy difícil que pueda creer el mensaje de reconciliación que Dios nos pidió que llevemos.

Al final de los tiempos, cuando estemos con Él en su gloria, no estaremos solos, sino que estaremos junto a todos los que lo amaron y lo siguieron: personas de todas las generaciones y de todas las naciones. Estaremos con Él en perfecta unidad por toda la eternidad, porque seremos una sola Iglesia, sin mancha, sin arruga, gloriosa, como Él la soñó. Jesús termina orando para que, un día, podamos estar nosotros con Él donde Él está, para que veamos su gloria y el amor con que Él mismo nos amó. Esta es la oración íntima del Hijo al Padre, una oración que los discípulos pudieron presenciar.

Aplicación

La oración de Jesús fue escuchada por el Padre. Su obra fue hecha y consumada; Dios fue glorificado en el Hijo, y esa gloria debe ser vista a través de la iglesia en cada generación. Lamentablemente, muchas veces, sin apreciar ni valorar la obra del Señor y la familia de la fe que conformó con su sacrificio, vamos en contra de la oración de Jesús. No llegamos a comprender el valor que tiene el discípulo que tenemos a nuestro lado para Cristo, ni el precio que pagó en la cruz para que sea un hijo, y también, nuestro hermano.

Las competencias, las peleas, los celos, la envidia, las divisiones, las murmuraciones, los enojos desmedidos, los rencores guardados y los resentimientos toman un lugar que lastima el cuerpo de Cristo y pesan más que el amor sacrificial, el servicio a los demás, la integridad, la humildad y el perdón.

Estas actitudes y conductas, fuera de la voluntad de Dios, no unen jamás: dividen y destruyen, socavan el mensaje y retrasan la misión. Como comunidad de discípulos, necesitamos dejar que la verdad de Dios nos santifique y queme todo aquello que trae descrédito al mensaje que llevamos a esta sociedad.

Si es así, la santificación será, al menos, en dos sentidos: uno de ellos apuntará a deshacer lo que el enemigo está haciendo puertas adentro de la iglesia con desunión; y, por otro lado, a no permitir que la iglesia sea contaminada con una forma de vivir y de pensar ajena al Reino de Dios (mundo).

Será difícil, muy difícil, que el mundo acepte el camino angosto. No es nuestra tarea ni debe convertirse en nuestro objetivo. Los parámetros de vida son muy disímiles en el Reino de Dios; nadamos contracorriente permanentemente. La fuerza del sistema de este mundo no coincidirá y presionará a los discípulos. Pero Jesús oró por nosotros, ¡y el Padre nos guardará!

¿Cómo está operando el Padre en tu santificación personal en las distintas áreas de tu vida? ¿Qué lugar ocupa la Palabra de Dios en ese proceso? ¿Cuál es el aspecto que más lastima la unidad de la iglesia en la actualidad? ¿De qué forma daña y afecta esa falla la credibilidad de nuestro testimonio al mundo? ¿Qué podríamos hacer nosotros, desde nuestro lugar, para colaborar con la unidad del cuerpo de Cristo? ¿Hace cuánto tiempo que no recordabas esta oración que Jesús hizo por ti aquella noche? ¿No sería este un buen momento para detenerte y agradecer el inmenso amor con que te amó y te cuidó siempre?

VERSÍCULOS DE APOYO

MATEO 26:36-46 / JUAN 15:18-19 / JUAN 13:13 / JEREMÍAS 23:29 / HEBREOS 4:12 / EFESIOS 4:2-3 / 2 CORINTIOS 5:19 / JUAN 13:34-35 / MATEO 22:37-40.

"Cuando comenzaba a amanecer, Jesús se apareció en la orilla, pero los discípulos no sabían que era él. Jesús les preguntó: Muchachos, ¿no tienen pescado?'. Ellos le contestaron: Nó. Jesús les dijo: Echen la red a la derecha de la barca, y pescarán. Así lo hicieron, y después no podían sacar la red por la gran cantidad de pescados que tenía". (Juan 21:4-6)

No fue fácil para ninguno de los discípulos continuar luego del suceso de la cruz. Trataban de recuperarse, pero vivían entre los escombros de todas las esperanzas que abrigaban en Jesús como Mesías. Si sumamos a esto la crueldad con la cual fue ejecutado, la injusticia con la que fue juzgado y el miedo que provocó en sus seguidores, quizá podríamos acercarnos un poco más a las sensaciones y pensamientos que cada uno de los discípulos experimentó.

Sus vidas fueron fuertemente afectadas por la cruz desde el peor de los lugares. La desilusión de ver colgado, junto a dos criminales, a aquel en quien habían puesto toda su ilusión de libertad, los quebró. El temor de que fueran identificados como sus discípulos los encerró en una casa y les robó la paz. Reinó por horas el silencio del duelo por aquel a quien siguieron y amaron, y a quien le habían fallado en el momento de mayor necesidad. Seguramente, todos sus recuerdos se agolparon en su interior.

Una historia de vida

Un día, Pedro —que en ese momento era Simón— fue a la sinagoga de su pueblo, Capernaum. Allí se encontró con alguien absolutamente diferente, distinto a todos los rabinos con los que había estado. Ese maestro no enseñaba como los demás; lo hacía con autoridad. Pero lo llamativo no era solo eso. Justo ese día, mientras él visitaba también la sinagoga, un endemoniado comenzó a gritarle a ese extraño rabino: "¿Por qué te metes con nosotros, Jesús de Nazaret? ¿Viniste a destruirnos? ¡Yo sé quién eres: el Santo de Dios!". A esta altura, el impacto sobre Pedro era altísimo. Observó que aquel maestro reprendió al espíritu inmundo, y que la persona quedó libre al instante. No solo los demonios parecían reconocerlo, sino que le obedecían. Todos quedaron asustados y se preguntaban: "¿Qué es esto?", confundidos y admirados por su autoridad. Pedro estaba ahí, entre ellos, viéndolo todo.

Quedó tan "shockeado" que lo llevó a su casa. Allí estaba su suegra enferma, en cama. Inmediatamente, este maestro —distinto a todos los demás— la sanó. Ella se levantó y comenzó a servirlo. Los vecinos de la aldea se enteraron, y, cuando comenzó a anochecer, le llevaron a todos los enfermos que había. Este rabí ponía las manos sobre ellos y todos eran sanados; los que estaban oprimidos por el diablo quedaban libres, todo ante los ojos de Pedro, que seguía deslumbrado.

Jesús dejó la casa del pescador y se fue al desierto: necesitaba estar solo. Pero, después de todo esto, ya nada era igual. La vida y el ministerio de Jesús habían cambiado drásticamente. Toda la gente lo seguía a cualquier parte, le pedían que se quedara con ellos y que visitara sus aldeas. De pronto, van al mar de Galilea y, junto al lago, se agolpa otra multitud. Jesús ve que hay dos barcas de pescadores en la orilla, y ahí está Pedro otra vez. Le pide su barca para poder enseñar desde allí, mirando hacia la costa, donde estaban todos.

Mientras él enseña, Pedro está en lo suyo, mirando sus redes, frustrado porque había estado toda la noche intentando pescar y no había logrado sacar nada. Jesús termina de enseñar, despide a la multitud y le dice: "Pedro, métete mar adentro y echa las redes, que vas a pescar". Pedro seguramente pensó: "Este hombre no está bien. Esto no es una cuestión religiosa, no estamos en una sinagoga, no hay ningún endemoniado con problemas espirituales. Esto es lo mío. El especialista en pesca soy yo. Ya probé. No necesito la sugerencia de alguien inexperto con buenas intenciones. No quiero perder el tiempo". Sin embargo, Jesús había impactado tanto su vida que decide respetarlo y le dice: "Estuvimos toda la noche intentando pescar y no pudimos, pero si tú lo decís, en tu palabra echaremos la red". Lo hace y se produce una pesca impensada. Las redes se rompían, tuvieron que llamar a otras barcas. Era tal la cantidad de peces que las barcas se hundían y les costaba avanzar.

Luego de vivir esto, Pedro cae de rodillas y le dice: "Apártate de mí, Señor, porque soy un hombre pecador". Hasta acá siempre lo había llamado maestro, pero a partir de ese momento lo llama Señor. Ya no era el endemoniado, su suegra o los enfermos y oprimidos que invadieron su casa; ahora era él mismo quien estaba experimentando a Jesús. Pedro deja absolutamente todo y empieza a seguirlo. A partir de ahí estuvo todos los días al lado de Jesús. Presenció los milagros más imponentes y escuchó cada una de sus enseñanzas. Vio la alegría de la gente cuando era sanada y el cambio en el rostro de los endemoniados cuando eran liberados.

Fue quien caminó sobre el agua con Jesús y fue uno de los tres que estuvo en el monte de la transfiguración. La obra de Dios había calado tanto en su vida que fue capaz de declarar lo que solo el Padre le podía haber revelado: "Tú eres el Cristo, el Hijo del Dios viviente". En ese momento, Jesús lo coloca como el líder principal de la primera iglesia. Cada cosa que vivió hizo que quisiera seguir a Jesús durante el resto de sus días. Era tal su compromiso que, cuando el Señor anuncia que iba a ser capturado, Pedro le dice que jamás lo abandonaría, que, aunque todos lo dejaran, él no lo haría, y que estaba dispuesto a dar su vida por Él. Pero Jesús le anticipa no solo que lo dejaría, sino que lo negaría tres veces antes de que el gallo cantara. Y así ocurrió.

Pedro seguía a Jesús, pero de lejos. El Señor ya había sido arrestado. Cuando Pedro entra al lugar donde estaba siendo juzgado, la portera lo reconoce y le pregunta si era uno de sus discípulos. Él lo niega casi con naturalidad. Una vez dentro del patio del sumo sacerdote, se acerca al fuego y una criada lo mira y le consulta si no era discípulo de Jesús, y él nuevamente dice que no lo es. Después fueron otros que, al escucharlo con tonada provinciana —galilea—, le dijeron: "Vos sos uno de los que estaba con Jesús". Esta vez, no solo lo negó, sino que insultó y dijo: "No conozco al hombre", e inmediatamente el gallo cantó. Uno de los evangelios dice que Jesús estaba a cierta distancia, lo suficientemente cerca como para mirarlo. Cuando Jesús lo hace, Pedro se acordó de lo que le había dicho. Lucas dice que Pedro salió y lloró amargamente.

Luego siguió el proceso: la crucifixión y la muerte del Señor. Lo sepultaron, y el domingo temprano María Magdalena fue al sepulcro y no lo halló. Fue corriendo a avisar a Pedro y a otro discípulo. Ambos fueron al lugar, entraron y vieron las sábanas que lo habían cubierto, pero dice el texto que todavía él no había entendido que Jesús había resucitado. Entonces Pedro vuelve a Galilea, a su Capernaum, a la pesca con varios de los discípulos. Otra vez el mar, las redes, la barca, como la primera vez. Pasan toda la noche sin pescar; vuelven frustrados y cansados. Casi al amanecer, Jesús se les aparece sin que ellos supieran que era Él y les dice: "¿Tienen algo de comer?". Le contestan que no. Y Jesús les dice: "Echen la red a la derecha de la barca, que van a pescar". De nuevo esa voz que daba la misma indicación que Pedro había escuchado hace tres años, pero esta vez desde la playa. El milagro sucedió y tuvieron que venir otras barcas a auxiliarlos. Ya era demasiado. Todo era igual. Juan fue el primero que se dio cuenta y gritó:

"¡Es el Señor!". Pedro reacciona impulsivo, como siempre. No esperó a juntar la pesca ni aguantó a que los demás remaran: nadó desesperado hasta la orilla.

Cuando todos llegaron, Jesús los estaba esperando con un fuego encendido, pescado preparado y pan, y les dijo: "Vengan a comer". Todos sabían que era Él, pero ninguno se atrevió a preguntárselo directamente. Estaban demasiado impactados y, posiblemente, aún sobrevivía la vergüenza por haberlo dejado solo. La conversación privada fue con Pedro. Él lo necesitaba. No solo lo había abandonado luego de prometer lo contrario, sino que lo había traicionado delante de sus ojos. Era el último que merecía un momento así. Desde aquella noche fría en el patio de Caifás no cruzaban sus miradas. Cada respuesta de Pedro a las preguntas de Jesús sanaba cada una de las traiciones que había cometido. La mirada y las palabras de Jesús estaban vacías de recriminación y condena, y cargadas de gracia y perdón.

El camino

El término *déjà vu* proviene del idioma francés; su traducción literal al español es "ya visto". Hace referencia a la extraña y repentina sensación de que algo que estamos viviendo en el presente ya ocurrió antes, aunque en realidad no haya sido así. Un déjà vu es una impresión breve que familiariza algo que está ocurriendo en la actualidad con una experiencia del pasado que nunca sucedió.

Cuando leemos y comparamos la historia de la primera pesca milagrosa y la última, los discípulos perfectamente podrían haber pensado: "Esto me resulta muy familiar, creo que ya lo viví antes". El punto es que, a diferencia de un déjà vu, lo que estaban viviendo los discípulos estaba montado sobre un recuerdo real, casi calcado a lo que les estaba ocurriendo. Definitivamente, no fue un invento de su imaginación. Pedro se encontró con una situación muy parecida a la que había vivido cuando Jesús lo llamó. Todo tenía que ver con esa experiencia, aunque al principio no pudo reconocerlo. No hay dudas de que el Señor tenía una intención muy marcada detrás de ese recuerdo.

La vida de un discípulo no es un punto, es un camino que supera los sucesos particulares. El discipulado es un proceso continuo de aprendizaje y crecimiento. Hay momentos dentro de este proceso que son muy especiales por la forma inesperada en la que llegan, por la manera en que nos golpean o por la incomprensión que los rodea. Son esos momentos en los que queremos retroceder. En esas etapas, no es una mala idea mirar nuestro recorrido de vida con el simple objetivo de recordar —volver a pasar por el corazón— cada momento en el cual Dios nos mostró su amor y su fidelidad.

Seguramente, en las horas posteriores a la crucifixión, Pedro recorrió con su mente sus últimos tres años una y otra vez, sin pasar por alto ninguno de los instantes vividos con Jesús. Pero estaba devastado por su pecado, por su traición. Ni siquiera podía recordar que Jesús les había dicho que resucitaría al tercer día, al menos como para abrazarse con fe a esa promesa.

En el año 2023 realizamos en Bahía Blanca un congreso misionero al que llamamos "Expansión". El programa incluía un foro con la temática del discipulado, en el cual tuvimos el honor de participar junto a cuatro pastores amigos. Una de las preguntas que nos hicieron fue si era posible un retroceso en el discipulado. Inmediatamente, todos asentimos y manifestamos que esto podía suceder. El argumento bíblico fue justamente la historia de Pedro y su traición. Bajo una primera mirada, esa situación significaba un retroceso que quedaba confirmado por el retorno a su viejo oficio de pescador.

Sin embargo, mientras respondíamos, también surgió la posibilidad de mirar ese escenario desde una perspectiva más amplia, de observar más allá de un acontecimiento aislado e incorporarlo en un proceso mayor. A veces, nuestra mirada nos hace pensar que retrocedimos, pero en realidad creo que estamos dentro de un trato de Dios más extenso y completo, que tiene diferentes aristas y que incluye estos aparentes repliegues. Todo forma parte de nuestro crecimiento como discípulos.

Es como si tuviéramos en nuestras manos un gráfico con una curva que tiene pequeños picos altos y otros que descienden. Si consideráramos solo un tramo en el que la curva baja, podríamos decir que hay un retroceso; pero si observáramos la curva completa, nuestra percepción cambiaría, porque la trayectoria final sería ascendente. Algo similar ocurrió con Pedro.

El discipulado es un plan de Dios de crecimiento mucho más vasto que un pequeño tramo, y aun los segmentos más pequeños que parecen negativos terminan conformando un plan mayor de crecimiento que Dios siempre tuvo bajo su gobierno. Los procesos son necesarios: en ellos retornamos a aquel llamado inicial, renovamos nuestra decisión de seguimiento y comprendemos mejor la gracia de Dios.

La restauración

La restauración del corazón de Pedro se da en el marco de una conversación privada que Jesús quiso tener con él. Juan es el evangelio de los momentos íntimos; este es uno de ellos. En esa charla no fueron muchas las palabras, pero cada una de ellas fue especial. No fueron versículos bíblicos generales, sin llegada, ni lecturas devocionales rápidas por compromiso. Son palabras precisas, sanadoras, intencionales, que expresan lo que el corazón de Pedro necesitaba y lo que Dios deseaba decirle. Esos momentos son tiempos de calidad: hay detenimiento, espera, atención, miradas, silencios; hay oraciones sinceras, hay canciones sentidas, hay lágrimas. El Señor está ahí, y todo lo que dice restaura el corazón herido y cansado del pescador.

Pedro está entendiendo la gracia como nunca antes. Sabe con precisión que falló y que no pudo cumplir lo que prometió. Sus expectativas sobre su desempeño personal están hechas pedazos. Jesús inicia el diálogo, pero no lo llama "Pedro" —aunque fue el nombre que Él mismo le puso—. Jesús lo llama con el mismo nombre que tenía aquella vez que lo encontró en esa misma playa. Lo trajo al mismo lago para que experimentara otra pesca milagrosa, como la primera vez. Su Maestro lo estaba llamando a empezar de nuevo. Ya sabía que había fallado, que lo había traicionado, que le dio la espalda, que se alejó, que el fuego de su pasión se había apagado; aun así, lo llama a comenzar otra vez.

Jesús le pregunta si lo ama e insiste tres veces con esa pregunta. No lo hace porque desconozca la respuesta, ¡Él lo sabe todo! Él quiere que el pescador, Simón hijo de Jonás, lo sepa. Busca que lo diga, que lo mencione. Jesús deseaba que, en lugar de afirmar su error, de pensar en su pecado y condenarse, se aferre a su amor eterno y se afirme en que su Señor acepta que Él lo ame, sin reproches, sin recriminaciones. Dios no quiere que refresquemos constantemente nuestro pasado ni que seamos funcionales a la acusación de Satanás, que viene como una sombra incesante. ¡Cuánto nos cuesta la gracia! Necesitamos aprender a vivir bajo el perdón de Dios y recibir con alegría y gratitud algo que nunca llegaremos a merecer.

Pedro había sido elegido por Jesús para ser pescador de hombres, y, lleno del fuego de Dios y de pasión por la persona de Jesús, dejó la pesca de peces y asumió la pesca de hombres. Él sabía que había una tarea que realizar, pero también una prioridad innegociable. El orden no es casual: primero estaba la reconciliación con Jesús, la restauración de su relación con Él; luego venía lo que haría por Él y para Él. La recuperación de la pasión por aquello que Dios te envió a hacer está resguardada en una relación de intimidad con aquel que te llamó. Primero hay una relación que recuperar, y luego una misión que cumplir; primero lo amo, después lo sirvo; primero paso tiempo con Él, después apaciento a sus corderos. La mejor forma de desarrollar mi propósito en la vida es disfrutando de una relación cercana con Cristo.

A Pedro solo le queda una cosa, y la toma: acepta la gracia de Dios sobre su fracaso y vuelve a caminar detrás del Señor. Ahora sabe que el Señor no está muerto, ¡que vive!, y que le dejó una tarea. Él y los demás discípulos no estarán solos, porque Jesús estará con ellos hasta el fin, como prometió, aunque lo hará de otra manera. Estará sentado a la diestra del Padre, el lugar de más alto poder que existe. El Espíritu Santo estará en cada uno de los discípulos y los investirá de poder para la tarea. El llamado está vigente, porque es irrevocable. Ahora sí pescarán hombres, y Pedro estará al frente de la primera gran pesca de Pentecostés. El mar será la vida con todas sus dificultades; la red, el mensaje del evangelio y de la cruz; los peces, las personas sin esperanza; y los pescadores, los mismos discípulos, con la autoridad que Jesús les otorgó y con el respaldo de las señales que Él realizó durante tres años, y que ellos vieron con sus propios ojos.

El discipulado personal

Sobre el final del Evangelio hay unas palabras que no quisiera pasar por alto. Me parecen llamativas y nos dejan una enseñanza más. El Señor termina la conversación con Pedro diciéndole: "¡Sígueme!" (Juan 21:19). Era el cierre perfecto; solo pedía una devolución honesta y de corazón. Pero Pedro, a su estilo, sigue un poco más. Mira hacia atrás, se da cuenta de que lo seguía Juan y hace una observación sobre la cual Jesús tiene que intervenir.

Cuando Pedro lo vio, dijo: "Señor, ¿y este, qué?" (Juan 21:20). Y la respuesta que el Señor le dio, en nuestro lenguaje, fue: "¡Qué te importa! Sígueme tú". En otras palabras, lo que le vaya a pasar a Juan es entre Juan y yo. Tú ocúpate de seguirme.

El compromiso con Cristo es personal, pero al Señor lo seguimos con otros, en comunidad. Por lo tanto, siempre será una tentación mirar al costado para ver cómo viene el otro, con motivaciones al menos dudosas. El riesgo más grande en esto es la distracción. Jesús recién le había dicho que lo siguiera, pero Pedro no tardó mucho en desenfocarse y miró hacia atrás. Jesús le había hablado de cómo iba a morir, y Pedro quiso conocer más de lo necesario y de lo que le correspondía; le dieron ganas de preguntarle también cómo iba a morir Juan. La curiosidad lo llevó a perder el enfoque.

Por otro lado, pareciera que Pedro llega a este punto por sentir que superó su estado de abatimiento anterior y que ya está en condiciones, y se puede dar el lujo inmediato de pensar y consultarle al Señor por los demás. Lo que había hablado con Jesús era demasiado fuerte, y aun así tuvo la ligereza de mirar a otro. La pregunta que le hace al Señor pareciera tener cierto aire de superación. Esta situación podemos llevarla a otras que suelen darse con otros discípulos, en las cuales somos diligentes para investigar defectos ajenos y muy medidos para admitir los nuestros. La paja en el ojo ajeno siempre será una tentación. Apenas nos sentimos un poco de pie, como Pedro, creemos que tenemos ciertos derechos, inclusive para juzgar a los demás, olvidándonos de que Jesús nos acaba de restaurar.

El Señor vuelve a reforzar el sentido del discipulado y le dice: "¿A ti qué? Tú sígueme". La idea extendida y libre de lo que Jesús estaba diciendo es: no te preocupes tanto por Juan, porque yo me voy a encargar de él, como lo hice contigo. ¡Pedro! Solo concéntrate en seguirme y no saques tus ojos de mí.

La distracción es un gran enemigo de la Iglesia actual. Hay cosas completamente accesorias que nos quitan interés y energía de aquellas que son esenciales y que constituyen nuestra misión. No estoy diciendo con esto que Pedro tendría que haber sido completamente indiferente a los demás discípulos; simplemente digo que, si el Señor le hubiese querido decir lo que le iba a pasar a Juan, también se lo hubiera revelado, o se lo podría haber revelado luego al mismo Juan. Sin embargo, como lo hizo Pedro, nosotros también vamos detrás de más información solo por curiosidad. Y lo peor es que la distracción puede ser tal que estemos dejando de lado un mandato que Jesús nos acaba de hacer: ¡Sígueme!

Aplicación

Si observamos bien nuestra vida, vamos a encontrar la insistencia del amor de Dios por todas partes. Si somos observadores, vamos a ver al Señor provocando encuentros, interceptándonos, seduciéndonos con su gracia constantemente e insistiendo con su propósito en nosotros, aunque no nos veamos capaces ni nos sintamos aptos. También podremos ver cómo Dios utiliza los momentos duros de nuestra vida para actuar en medio de nuestra fragilidad y quebranto. Ese es el punto justo en el cual su gracia se revela y actúa con más fuerza en nuestra vida.

El discipulado es un proceso, un camino en el cual Dios nos modela. Los discípulos, en los primeros años de la iglesia, usaban la señal del pez. Era un símbolo que los identificaba entre los cristianos perseguidos. Una de las teorías que explica el uso de este ícono es la forma en que Jesús llamó a sus discípulos cuando les dijo que serían pescadores de hombres. Sin embargo, lo que hizo más famosa a esta señal fue que cada una de las letras en griego que forman la palabra pez (ΙΧΘΥΣ) son las iniciales de las palabras que componen la frase "Jesucristo, Hijo de Dios, Salvador". Cuando un discípulo del primer siglo se encontraba con un extraño en el camino, dibujaba un pez en la tierra entrelazando dos arcos. De esta manera, dejaba la señal en el suelo, simbolizando el carácter de aquel a quien había decidido seguir y aquello a lo que había sido llamado. Todo quedaba marcado en el camino. Así es la vida de un discípulo: su trayecto está lleno de señales que, a veces, no entiende en el momento en que suceden, pero que identifican a Jesús, que hablan de Él, que apuntan al Señor, que marcan nuestro compromiso con su Reino.

Solo me imagino a Pedro, luego de todo lo que vivió en cada encuentro con Jesús en la barca, y ver, muchos años después de ese momento, a los discípulos que él pastoreaba usando esa señal que representaba tanto para él. El camino de un discípulo está repleto de registros de la gracia de Dios, de su perdón y del compromiso que esto implica cuando entendemos, en el espíritu, que seguimos a alguien que fue a la cruz y murió.

Cada discípulo marcaba en la tierra su propio pez; cada uno debía señalar quién era y a quién seguía, conociendo todos los riesgos que eso conllevaba. El aspecto personal del discipulado es inevitable e intransferible. No sigo a Jesús a través de mis padres; tampoco lo hago porque uno de mis hijos lo sigue. El compromiso de mi líder o pastor con Jesús no puede ir más allá de ser un simple ejemplo. Tampoco puedo participar a medias del discipulado de un amigo. La huella del discipulado es propia e individual. Hay tratos de Dios que son personales, como la conversación que Pedro tuvo con Jesús. Tanto el dolor de su traición como la restauración y su confesión deben ser experimentados de forma directa y en primera persona. Es parte de nuestro vínculo íntimo con Jesús; es lo que le da profundidad y cercanía a nuestra relación con Él.

De la misma manera, no podemos evaluar el compromiso de los demás o intervenir en el trato íntimo y particular que Jesús quiere tener con otros. Por más buenas intenciones que tengamos, nuestra incidencia es totalmente limitada. No podemos armar desde afuera una clase grupal cuando el Señor pretende tener una charla privada. Hay aspectos del proceso que Jesús quiere tener a solas con cada uno de sus discípulos, y eso necesita ser respetado. Dios hará con cada uno como Él quiere, de la forma y en los tiempos que su relación con cada discípulo lo habilite. Pedro, no te preocupes, en algún momento también voy a hablar con Juan. Por el momento: "Sígueme tú".

¿En alguna oportunidad te detuviste a recordar tu vida desde que decidiste seguir a Cristo hasta hoy? ¿Alguna vez sentiste que volviste al comienzo? ¿Cuáles fueron tus conclusiones? ¿Por qué piensas que nos cuesta tanto aceptar la gracia de Dios y disfrutar de ella? ¿Cuándo fue la última vez que experimentaste una charla a solas con Dios? ¿Por qué motivo fue? ¿En algún momento saliste de un tiempo con Dios demasiado preocupado por lo que Él tenía que hacer con otros, al punto de olvidarte de lo que te pidió a ti? ¿Interrumpiste alguna vez el trato de Dios con alguien con quien Él quería tratar personalmente?

PALABRAS FINALES

Lucas no se queda solo con su evangelio; su proyecto es todavía más ambicioso. Él nos cuenta mucho más y traspasa la línea de Pentecostés en la segunda parte de su obra. Al principio, nos relata que los discípulos quedaron impactados cuando vieron a Jesús irse entre las nubes. Nadie hablaba, no podían bajar la mirada; la imagen debió haber sido realmente extraordinaria. Ni siquiera se dan cuenta de que dos ángeles aparecen entre ellos. Son los ángeles quienes tienen que preguntarles por qué están mirando al cielo, y les dicen a los apóstoles, que todavía están deslumbrados con la escena, que el mismo Jesús que había ascendido al Padre volvería de la misma manera en que lo vieron irse (Hechos 1:11).

En los días anteriores, el Señor se les había aparecido a todos varias veces y les había vuelto a enseñar sobre su Reino, su tema predilecto (Hechos 1:3). Tan fuerte fue esta enseñanza, que el último versículo de Hechos resume lo que el apóstol Pablo hablaba, diciendo que predicaba del Reino de Dios y enseñaba acerca del Señor Jesucristo.

Lucas inicia su segundo tomo diciendo que en la primera parte había hablado de lo que Jesús comenzó a hacer y a enseñar hasta que fue recibido en el cielo. Esto quiere decir que Jesús recién había empezado, pero no había terminado, y que continuaría hasta su regreso. Lo hace hasta el día de hoy a través de sus discípulos, llenos de su Espíritu. Mientras que el evangelio de Lucas muestra cómo el Espíritu Santo actúa a través de Jesús, el libro de los Hechos muestra cómo Jesús actúa a través del Espíritu Santo.

En sus últimas horas, el Señor oró por aquellos que creerían en Él por la palabra de sus apóstoles. ¡El Señor oró por nosotros! Cuando Tomás dudó, Jesús le permitió tocar con sus propias manos las heridas de la cruz. Eran pruebas indiscutibles de que había resucitado. Luego le dijo que serían más bienaventurados aquellos que no vieron como él, y que, sin embargo, creyeron. No hay dudas: la historia no termina en los evangelios, tampoco en los Hechos de los Apóstoles. Los trasciende y llega a todos los que creemos y a todos los que creerán en Él.

No importa el lugar donde vivamos ni el momento en el que hayamos nacido. La invitación sigue vigente; los términos y condiciones de su llamado continúan intactos, porque Jesús está vivo y sus palabras permanecen. Hasta que vuelva, seguirá llamando a hombres y mujeres a quienes mirará a los ojos y les hará exactamente la misma invitación que escucharon aquellos pescadores en la playa de Galilea:

—Síganme.

¿Cuál es tu respuesta?

ACERCA DEL AUTOR

Leandro Matías Cortez es licenciado en Teología y profesor en Filosofía. Forma parte del equipo pastoral de la Iglesia Bautista Pueblo Nuevo, en la ciudad de Bahía Blanca, Argentina. Es coordinador y profesor del Programa de Formación Ministerial por Extensión del Seminario Teológico Bautista en su ciudad. Está casado con Virginia, y son padres de cuatro hermosos hijos: Clara, Tomás, Sofía y Ana Paz.

BIBLIOGRAFÍA RECOMENDADA

- Bonhoeffer, Dietrich. El precio de la gracia. El seguimiento. Salamanca: Ediciones Sígueme, 2004.
- Deiros, Pablo A. Comentario bíblico hispano 2.0. Mateo. Buenos Aires: Editorial Peniel, 2019.
- Deiros, Pablo A. Jesús, el poder del reino. Exégesis y exposición de Marcos. Buenos Aires: Publicaciones Proforme, 2011.
- Fitzmyer, Joseph A. El evangelio según Lucas. Tomo I. Madrid: Ediciones Cristiandad, 1986.
- Fitzmyer, Joseph A. El evangelio según Lucas. Tomo III. Madrid: Ediciones Cristiandad, 1987.
- Foster, Richard J. Alabanza a la disciplina. Miami: Editorial Betania, 1986.
- Guijarro, Santiago. El camino del discípulo. Salamanca. Ediciones Sígueme, 2015.
- Harrison, Everett F. Introducción al Nuevo Testamento. Michigan: Subcomisión Literatura cristiana déla Iglesia Cristiana Reformada, 1980.
- Hendriksen, William. Comentario al Nuevo Testamento. Exposición del evangelio según San Mateo. Michigan: Libros Desafío, 1981.
- Hendriksen, William. Comentario al Nuevo Testamento. Exposición del evangelio según San Juan. Michigan: Libros Desafío, 2003.
- Navarrete, Sergio. El discipulado radical de Jesús. Una aplicación contextual. Barcelona: Editorial Clie, 2018.
- Ogden, Gregory J. Discipulado que transforma: el modelo de Jesús. Barcelona: Editorial Clie, 2006.
- Ortiz, Juan Carlos. El discípulo. Buenos Aires: Editorial Peniel, 2007.
- Pérez Millos, Samuel. Comentario exegético al texto griego del Nuevo Testamento. Juan. Barcelona: Editorial Clie, 2016.
- Platt, David. Sígueme. Un llamado a morir. Un llamado a vivir. Illinois: Tyndale House Publishers, 2013.
- Sicre, José Luis. El cuadrante. Introducción a los evangelios. Navarra: Editorial Verbo Divino, 2005.
- Stott, John. El discípulo radical. Buenos Aires: Ediciones Certeza Unida, 2012.
- Trenchard, Ernesto. Comentario expositivo del Nuevo Testamento. Barcelona: Editorial Clie, 2013.
- Willard, Dallas. La gran omisión. Recuperando las enseñanzas esenciales de Jesús en el discipulado. Nashville: HarperCollins, 2015.